1000人の「そこが知りたい！」を集めました

人に迷惑をかけない終活

行政書士／相続・終活コンサルタント
明石久美 監修

人生のエンディングを、素敵に迎えたい

やがて誰もが迎える人生の終わり。あなたはそのときをどう迎えたいですか？

オレンジページでは「終活」についてアンケートを実施。1000人以上の方から、さまざまな声が集まりました。

「亡くなったあとの手続きで、子供に負担をかけたくない」
「認知症になったら、家族に迷惑をかけるのでは……」
「いずれ施設に入居したいけど、お金が不安」
「相続の気がかりを残さず、安心して旅立ちたい」

「おひとりさまの死後の手続きは、誰に頼める？」

終活のいちばんの目的は「人に迷惑をかけないため」。そう考える人が多数でした。

本書は、終活についての不安や疑問をまるごと解消する一冊。家族と暮らす人にも、おひとりさまにも、役立つ情報を集めました。今すぐできることから始めて、今後の人生を晴れやかに過ごしましょう。

ほぼ

1000人にアンケート

終活について、本音を徹底リサーチ

「人に迷惑をかけたくない」がトップ！

終活についてオレンジページメンバーズにアンケートを行ったところ、「将来困ることがありそう」と回答した人は73％にも上りました（P6参照）。具体的に知りたいことは、「亡くなったあとに必要な手続きと生前に準備できること」がトップ。ほかに「孤独になったときの生きがい」やスマホ・PC内にある画像などの「デジタル遺産」についても関心が高く、さまざまな不安を抱えていることがわかりました。

終活「そこが知りたい！」ランキング
（n＝825　複数回答／5つまで選択可）

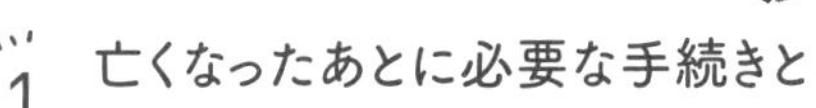

1. 亡くなったあとに必要な手続きと生前に準備できること … 61.7％
2. 起こりうる病気やケガとその対処法 ………… 38.5％
3. 自分らしく生きるための医療と介護の方針 …… 29.1％
4. 孤独になったときの生きがい ………… 26.1％
5. スマホ・PC内のデータやSNSなどの「デジタル遺産」の処理方法 25.0％

※アンケートは2023年7月オレンジページ調べ　対象：「オレンジページメンバーズ」国内在住の男女（回答者数1050人）

子供に迷惑を
かけたくない！
エンディングノートの
正しい書き方を知りたい。
（50代・女性）

母が亡くなったとき、
手続きや片づけがとにかく大変で。
口座や財産を整理をしておいて
ほしかった……。
（60代・女性）

独り身の場合、
延命治療を
希望しないことや、
葬儀やお墓の希望を
誰に伝えたらいい？
（40代・女性）

とにかくモノが
多いので、元気なうちに
処分しなくてはと思うけど。
（60代・女性）

一人暮らしの老人だと
アパートを借りるのが
難しいので、
終の棲家をどうするか。
（60代・男性）

財産が多くなくても
相続でもめることは多い
らしいので、早めに
家族で話しておきたい。
（50代・女性）

一人で死んだとき、
後始末にかかる費用と
その準備の仕方は？
（40代・女性）

自身や配偶者が
認知症を発症した場合の
家族への負担が気になる。
（60代・男性）

終活
やってておきたい＆やっておきたかったこと

（n＝825　複数回答／5つまで選択可）

1. 家の片づけや処分 ……………………………… 59.3％
2. 体力維持・健康ケア ……………………………… 51.3％
3. 老後も続けられる趣味・生きがいづくり …………… 30.2％
4. 病気になったときの治療方針 ……………………… 29.2％
5. エンディングノートの作成 ………………………… 25.1％
6. 終末期医療の希望の共有 ………………………… 23.5％
7. 各種契約解除に必要なパスワード等のリスト作成 … 23.2％
8. 家族、親戚との交流。意思疎通 …………………… 21.9％
9. 老後に住みたい場所への引っ越し ………………… 13.6％
10. 転職活動や仕事探し ……………………………… 12.0％

Q. 終活について困ったこと、困りそうなことはありますか？（n＝1050　複数回答）

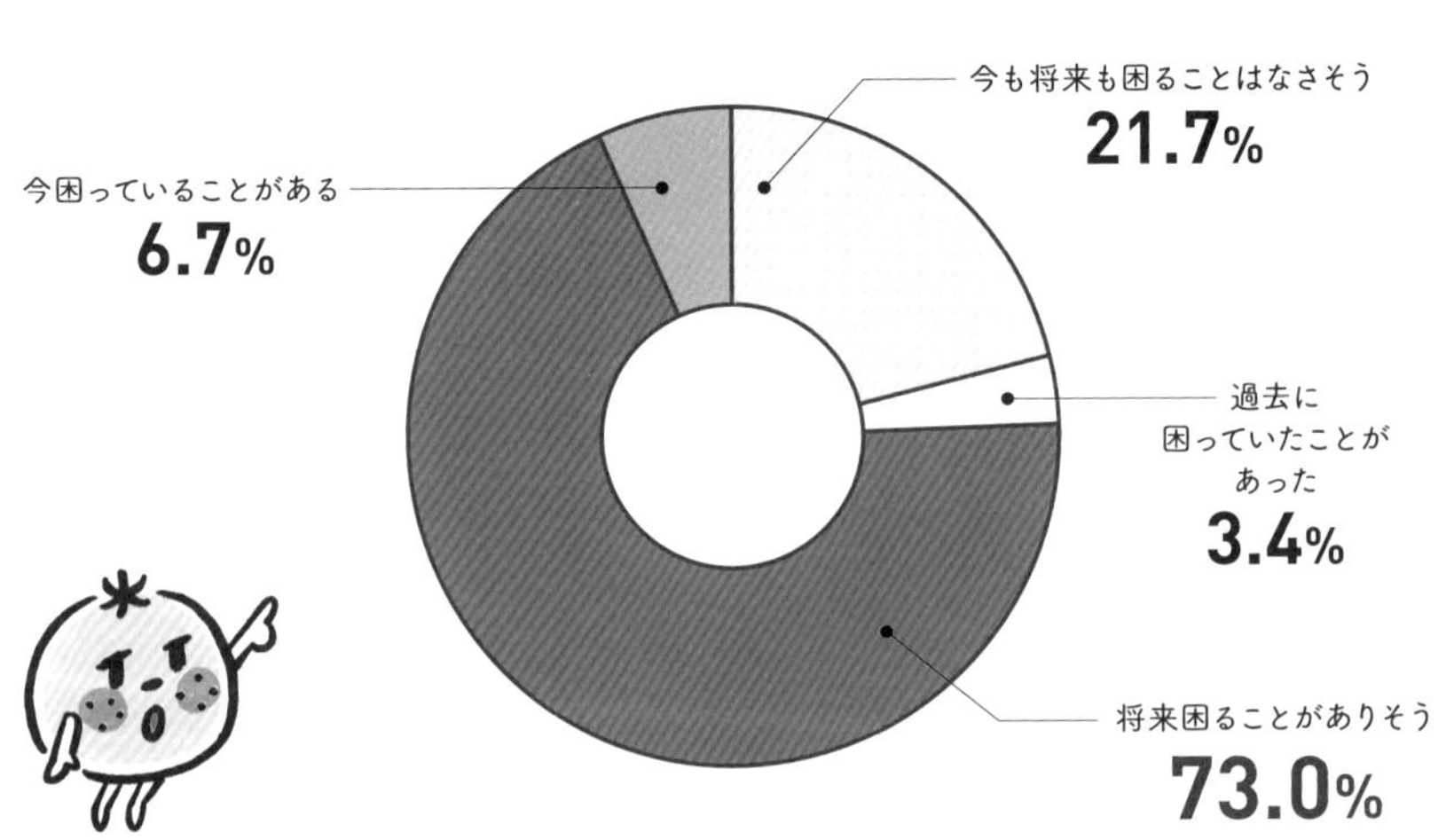

今も将来も困ることはなさそう
21.7％
今困っていることがある
6.7％
過去に困っていたことがあった
3.4％
将来困ることがありそう
73.0％

こんな声も多数

おひとりさまや
シングル家庭の終活は
どうすればいいの?
（50代・女性）

自治体や専門家を上手に頼って賢い終活を

アンケートでは、「おひとりさま」の終活に不安を抱えている人が多数いました。独身で暮らしてきた人も、配偶者との死別や離婚で一人暮らしになった人も、相談や頼みごとができる家族が身近にいない、モノの片づけが大変といった点は共通です。子供がいる場合も、頼れるケースばかりではないでしょう。

そうした方にもぜひ知ってほしいのが、自治体や専門家を頼ることです。本書でも老後の生活や相続、死後の手続きなどのサポートを紹介しているので、ぜひ参考にしてください。

不安を感じていても制度や仕組みを
知っておけば、先回りして対応できますよ。

人に迷惑をかけない終活

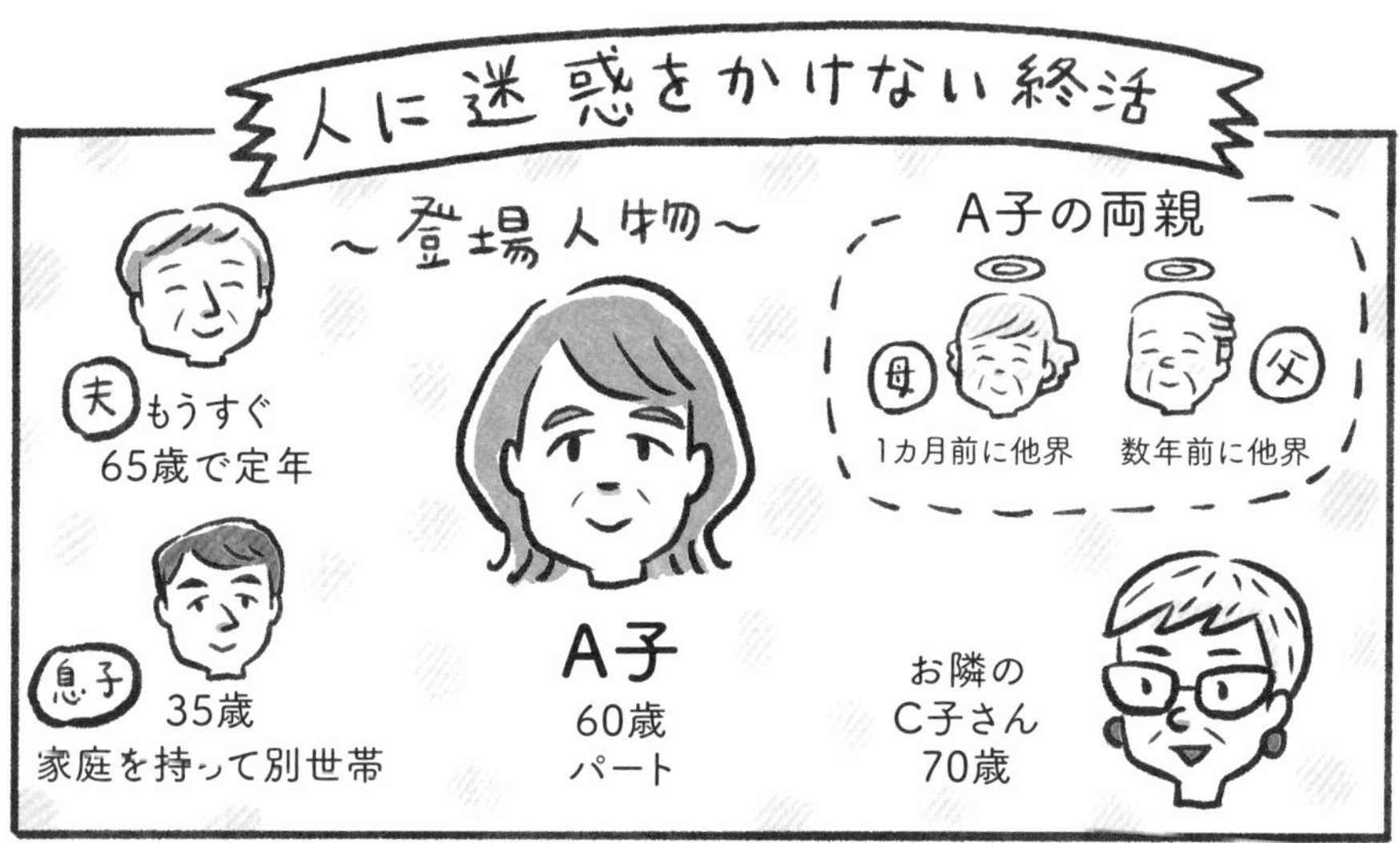

私の親はね、
家族に迷惑をかけたくないと
思ったのか、
亡くなる前に身辺整理や
遺言書を残してくれて、
とても助かったの
だから私も
「エンディングノート」を書いたり
もう終活を始めているのよ

え？ まだお元気なのに！
まー
うれしい！
でも
いつ何があるかわからないから
早めの備えが安心でしょ
あら？ C子さん？
先生！
いいところに

先生？
終活のアドバイスを
してくれた明石先生よ！
先生！
今ちょうど終活の話を
していたところなのよー

そうだったんですね！
終活が気になるなら
何でも聞いてください！
わかりやすくお教えしますよ！

目次

第2章　相続に向けた終活

第3章　介護・認知症・終末期医療に備える

第4章　葬儀・墓に備える

第5章　デジタル遺産と終活

第1章

身の回りの終活

知りたいポイント①

終活はいつ、何から始めたらいい？

answer

理想は今すぐ！　身近なところから着手する

元気なうちにできるだけ進めたい終活

身近な人とのお別れがあったとき、自分の人生の終わり方についても考える人は多いのではないでしょうか。

「そろそろ私も終活を……と思っても、まだ早い？　縁起でもない？　などと、ためらうかもしれません。

終活とは、死ぬ準備ではありません。もしものときに身内や残さ

みんなの声
●終活をしないで急に亡くなると、どうなるの？
●60代もすでに半ば。
何も身辺整理をせずここまできてしまった

れた人が困らないように準備・対策をすることです。
自分自身も安心して暮らせるように、前向きな意味があります。

〈ここがポイント〉
終活は前向きな準備ととらえる
残された人たちへの思いやりを大事に進める

人はいつそのときを迎えるかわからないものです。家族がいる人も、おひとりさまも、悔いが残らないよう、準備は早いに越したことはありません。

ただ、終活は自分のためならず、家族のためにも行うものでもあります。自分ができないことを行ってくれる家族が困らないよう、自分本位で進めすぎないことがポイントです。

生前・死後ともにやることは盛りだくさん

①生きているあいだに自分でやっておくこと
②自分が亡くなったときに行ってもらうこと
を分けると、終活でやらなくてはいけない内容が見えてきます。

①生きているあいだに

●身近な整理

預貯金・保険・株などの整理
不要な不動産の整理
不用品の整理
デジタル遺産の整理

●病気・認知症の準備

緊急連絡先の共有
病気や介護への備え
終末期医療の方針決定

●遺産相続の対策

遺言書の作成　生前贈与などの税金対策

みんなの声
●母が亡くなったときは、悲しみに浸る間もなく整理や手続きがとても大変でした

②自分が亡くなったときに行ってもらうこと

●葬儀～納骨までの手配
親族・関係者への連絡
葬儀
法要・納骨

●相続の手続き
戸籍謄本などの取得
遺言書有無の確認
財産の調査
遺産分割の手続き（遺言書がない場合）
預貯金の解約
不動産登記の名義変更や不動産売却手続き
相続税の申告（必要な場合）

●各種手続き
死亡届の提出
年金の手続き
医療費・施設費の精算
公共料金ほか各契約の手続き
葬祭費の申請
保険証の返却

知りたいポイント②

大した財産がなくてもお金の終活は必要？

answer

特別なお金持ちでなくとも今のうちに整理を

預金も終活を！ ほとんどの人は財産持ち

「うちには財産なんてないから……」と思っていても意外なものが財産に該当します。家族がいても、おひとりさまでも財産は最終的に誰かが整理するものです。スムーズに、納得のいくようにお金の終活をするには、今のうちから準備が必要です。

みんなの声
●うちには財産なんて特別なものはなく普通預金しかないはず……

財産に該当する主なもの
●口座にあるお金
●加入している保険（生命保険、共済保険、損害保険）
●有価証券（株式、投資信託、債券）
●債務（ローン、借金）
●家、土地、車
●貴金属、美術品、骨とう品
●家具・家財、ゴルフ会員権、電話加入権 など

例えば、日常的に使用している普通預金も財産に該当します。住宅やクレジットカードのローンはマイナスの財産として扱われ、何も手続きをしなければ相続する人に引き継がれます。

適切なかたちで渡せるよう整理しはじめましょう。まずはどのような財産を保有しているのか書き出してみてください。

財産
預貯金、不動産、車などの動産、著作権などプラスのものと、借入金、未払金などマイナスのもの、すべてを合わせたもの。

みんなの声
●認知症になると口座が凍結されるのは本当？
●使わない口座がたくさんあり、管理できてない……

使う銀行口座を厳選して、その他の口座は解約を

口座を複数持っている場合、同じ銀行なら相続手続きをまとめて行うことができます。問題なのは、複数の銀行に口座がある場合で、解約手続きに手間がかかります。使用していない銀行があるなら口座は解約をしておきましょう。遠方に口座があり解約しに行けないときは、近場の銀行（他行でもＯＫ）の窓口へ「代金取立」という方法で依頼することで、解約・残金の送金をしてもらえます。

また、銀行側は口座の持ち主が認知症であると認識した場合には、財産を守るため口座の凍結を行いますので注意してください。

〈ここがポイント〉

使っていない口座は解約の手続きをする
もしものときのために、口座は2、3個ほど残しておく

代金取立
金融機関がほかの金融機関から代金を取り立ててくれること。

みんなの声
●口座をひとりで管理していくのが不安
●寝たきりになったら誰が必要な支払いをしてくれる？

残した口座は家族も利用しやすいようにしておく

今後も使用する口座は「代理人カード」を作成しておくとよいでしょう。代理人カードとは、口座を持つ本人の家族が、本人の代わりに口座を利用できるキャッシュカードです。

病気や寝たきりになってしまったときなどに家族が代理人カードを使って振込や入金・引き出しができます。

家族の利便性を高めることが目的のため、口座を持つ本人が認知症になってしまうと原則的には使えません。クレジットや電子マネー機能はありませんが、日常的な金融取引には十分対応できる一枚です。

代理人カードは口座のある銀行支店の窓口に出向いて作成できます。銀行にもよりますが、ほとんどの場合は家族の同行は不要です。作成したら家族に渡しておくだけで利用できます。定期預金はタイミングをみて解約し、普通預金にお金を移しておきましょう。

知りたいポイント③

加入している保険の整理のしかたを知りたい

answer

今後の人生にフィットする保障内容か確認を

昔契約した保険、そのままになっていませんか

複数の保険に加入している場合、保障内容がダブっていることがあるので確認をしましょう。契約先と保障の内容を一覧化すると把握しやすくなります。また、若い頃に契約した保険がそのままだと今後の生活で必要な保障に合わない内容になっているかもしれませ

ん。主に次のポイントを見直せるとよいでしょう。

みんなの声
- 昔、付き合いで入った保険をそのままにしている……
- 保険料が負担になってきたので、下げたい

●受取人

受取人に指定していた配偶者が死亡している場合、受け取ってほしい人（子、兄弟等）に受取人を変更できているか確認を。なお、受取人が死亡して指定しないままだと相続人に支払われるが、手続きが大変になるため、受取人の確認・変更をしておこう。

●受取金額

子どもが自立し、住宅ローンもなければ高額な死亡保険金は必要なし。受取金額を下げられると保険料も下げられる。死亡保険を葬儀代にあてたいならば受取金額を200万～300万円ほどに設定する。また、医療保障の給付内容・金額も確認をしておこう。

●払込期間

いつまで保険料を支払うのか。今後、年金暮らしになっても、物価が上昇しても払う価値があるものかを見直す。

●保障期間

保障期間は何歳までか。終身保険に医療特約を付けて終身保険の払い込みが終了した場合、医療特約の保障期間もその時点で終了するのが一般的。その後も特約の保障の継続を望む際は、まとまった保険料を先に支払うことになるので注意したい。

保障期間
保険会社が保険金の支払いをしてくれる期間のこと。終身保険の場合は、払い込み期間が終了しても保障期間は一生涯続く。

知りたいポイント④

株や投資信託はこのまま保有していて大丈夫？

answer

相続人がもめる前に現金化も選択のひとつ

分割しづらいため均等に分けるのが難しい

株や投資信託、国債などの債券（まとめて有価証券という）はあなたの死後、相続財産として相続する人に引き継がれます。証券会社に相続人が届け出て、相続する人が同じ証券会社に作った口座へ移管されます。手続きに必要な情報はしっかり残しておきましょう。

みんなの声
●多くの証券会社に口座をもったまま株券が眠っています

手続きに必要な主な情報
●株・投資信託 証券会社名、支店名、口座番号、銘柄、株数・口数
●債券 証券会社名、支店名、口座番号、債券名
証券会社から送られてくる「取引残高報告書」があれば情報の代わりになる。

あなたが遺言書を残さず亡くなると、相続する人たちで有価証券をどのように分けるか話し合います。相続する人が複数いる場合、全員が合意するまで動かせません。有価証券をそのままほしい人、現金でほしい人、特定の銘柄だけがほしい人などがいれば、もめごとの種になってしまいます。有価証券は価値の変動もあり、事前に遺言書で公平に分けておくのも難しい財産です。

有価証券を現金に換えておくこともひとつの方法です。何よりも使っていない口座は解約しておきましょう。

これって何？
相続財産
死亡時に持っている財産のこと。P.21のリストのような、お金に換えられる価値のある財産は相続されることになる。

知りたいポイント⑤

クレジットカードは いつまで持っていていい？

answer

未使用カードはすぐ解約、使うカードのみ残す

クレジットカードを整理するポイント

クレジットカードを複数持ったまま亡くなってしまうと、残された家族は解約の手続きが大変です。

また、どれくらい借り入れがあるかわからないまま亡くなると家族には精神的な負担もかかります。支払いが終わっていないカードローンは

みんなの声
●カードは複数枚あると安心だし、特典目当てで次々作ってしまう……

なるべく早く完済を目指して、使っていないカードは解約しましょう。
将来、認知機能が低下した場合に、自分でも気づかないうちに浪費したり、紛失や不正利用にあうリスクも無視できません。残しておくカードの限度額はなるべく下げておくことも大切です。亡くなったあとで引き落としがくることもあるため、家族に契約中のカード会社の情報を伝えておくことも忘れないようにしましょう。

〈ここがポイント〉

クレジットカードは枚数を減らし、限度額も下げる
残すカードの会社の名前、連絡先、引き落とし口座を記録

カード裏面のヘルプデスクに電話をすれば解約の手続きは進められます。捨てる際はカードをハサミで裁断しておくと安心です。
なお、解約するとポイントや付帯している保険もなくなります。

知りたいポイント⑥

住宅ローンを残して死んでしまったら？

answer

ローンも相続財産、できれば返済を目指す

相続する人が借金を負うことになる

マイナスの財産も相続する人に引き継がれます。住宅ローンも相続の対象となるため、P32の保険（団信）に入っていない場合は誰かが支払わなければなりません。

残された人にマイナスの財産を引き継がせたくないとなれば、生

みんなの声
●元気なうちに住宅ローンを払いきれるか心配……
●体が不自由になってからも、住み慣れた家に居続けられる？

きているうちに返済を完了させるのがベストでしょう。どうしても完済が難しそうな場合は「リースバック」または「リバースモーゲージ」といった制度の活用を検討してみましょう。ただし、デメリットもあるため、よく理解したうえでの活用が大切です。

●リースバック　不動産会社に自宅を売却して現金化する仕組み。賃貸として住み続けながら毎月家賃を払っていく。物件の築年数やタイプ、本人の収入上限など、利用条件は緩やか。

●リバースモーゲージ　銀行に自宅を担保に設定して資金を借りる仕組み。住み続けながら毎月利息のみを返済していき、死亡後は自宅を売却する。条件は厳しい。

いずれも高齢者でも活用できる制度です。自宅は市場価格より低くなりますが、亡くなったあとローンは残りません。

マイナスの財産
支払う義務のある財産（お金）のこと。ローン、借金、未払いの代金、未納の税金など。

みんなの声
●ローンを払いきれないまま亡くなったら自宅の権利はどうなるの？

死亡後に住宅ローンが完済扱いされる仕組み

ローンの完済が不安なときは、住宅ローンの契約時に団体信用生命保険（団信）に加入をしているか改めて確認をしてみましょう。団信とは、ローンの契約者が亡くなったり、返済できないほど重度の障害になったりしたときに、ローンは完済したものとして扱われる保険のことです。

ローンの返済途中でローンの名義人が亡くなっても団信に加入していれば残りのローンは消滅します。自宅も残るため、そのまま住み続けることもできます。ただし、ローンの返済が途中で滞っていた場合は適用されません。

また、夫婦でペアローンを組んでいるとき、どちらかの契約者が亡くなっても、残された契約者のローンまで完済扱いになるわけではなく、返済義務は残ります。

団体信用生命保険（団信）

住宅ローンの名義人が死亡など支払不能に陥ったとき、生命保険会社から住宅ローンを組んでいる金融機関に保険金で返済する仕組み。

みんなの声
●クレジットカードの返済の途中で亡くなると支払いはどうなる?

カードローンの返済は救済されないので注意

カードローンは返済途中で亡くなると完済扱いとなる団信のような救済措置はありません。返済を残したまま亡くなってしまうと、相続人が相続を放棄しない限り、返済義務も引き継がれていきます。

相続人がカードローンの返済をしたくない場合は相続を放棄することになりますが、その場合は、プラスの財産も放棄しなくてはならなくなるため注意が必要です。

カードローンも可能な限り早めに返済をして支払いを残さないことが最もよい方法です。

完済が難しそうなことがわかっているのであれば、家族や残される人に早めに話をしたり、その事実が伝わるようにしておくことが大切です。亡くなったあとに請求書が来て困ってしまうケースも十分にあり得るためです。

相続を放棄
プラスの財産もマイナスの財産も一切引き継がないこと。家庭裁判所で手続きする。

知りたいポイント⑦

口座の残高や財産を家族に伝えるのは気が引ける

answer

必要なときに伝わるようにすればOK

今のうちから残高まで伝える必要はない

まだ元気なうちから銀行口座の残高や持っている財産を家族に伝えてしまうのは、少々気が引けますよね。暗証番号などの情報や印鑑もまとめて渡してしまって、勝手に引き出されてしまうようなことがあっては今後の家族仲も今まで通りにいきません。

みんなの声
●子どもたちに口座の残高を言いたくない
●死後の遺産をあてにされるのは嫌だ

だからといって何も伝えないまま倒れたり、亡くなってしまったりすると、家族が苦労するのは目に見えています。

残高や財産の額まで元気なうちにすべて共有する必要はありません。ただ、いざというときに困らないように、必要な情報がどこにあるのか、保管場所を家族がわかるように準備をしておきましょう。パソコンやスマホの中のメモ帳（IDやパスワードの共有も）、エンディングノート、遺言書などに一覧リストを作成し、あなたに何かがあったとき家族が必ず見られるよう、置き場所を共有しておきましょう。

〈ここがポイント〉

情報リストの保管場所がどこにあるのか、必要なときにわかるようにしておく

知りたいポイント⑧

死亡後の年金の手続きのために今からやるべきことは何？

answer

受給の手続きに備えて書類を用意

死亡後に基礎年金番号などが必要になる

年金を受けていて亡くなったら、家族（年金を受給できる対象者）は未支給年金の請求、遺族年金の請求などの手続きを行えば次の年金が受給できます。今のうちから基礎年金番号、受けている年金の種類、年金証書のある場所を伝えておくとスムーズでしょう。

これって何？

基礎年金番号

年金の加入記録を管理する番号。マイナンバーと紐づければマイナンバーで基礎年金番号を代用できる。ただし基礎年金番号でしかできない手続きもあるため、基礎年金番号の把握も必要。

●未支給年金の請求

年金は2カ月に1度、前月と前々月分があとから支払われる。亡くなった日によっては年金をもらっていないことになるため、未支給分として請求可能。請求できるのは 受給者と生計を共にしている配偶者と三親等までで最も優先順位が高い人。請求先は国民年金の第1号被保険者のみの場合、市区町村役場。厚生年金の場合は年金事務所または街角の年金相談センター。申請期限は死亡後の年金支払日の翌月の初日から5年以内。

●遺族年金の請求

死亡者と生計を同一にしていた家族が請求できる。ただし未納がある場合などは受け取れないケースもあり。申請先は年金事務所または街角の年金相談センター。申請期限は死亡後の年金支払日の翌月の初日から5年以内。

●死亡一時金の請求

一定期間の年金を納めて、老齢基礎年金・障害基礎年金を受けないまま亡くなった人と生計を同じくしていた家族が請求できる。申請先は住所地の市区町村役場、または近くの年金事務所および街角の年金相談センター。申請期限は死亡日の翌日から2年以内。

年金証書

年金を受け取る権利を証明する書類。紛失したら近くの年金事務所で再発行が可能。

知りたいポイント⑨

身の回りのモノの整理を進めるときのよい方法を知りたい

answer

価値を見極めてなるべくモノを手放そう

不用品処分のポイント

ものが多ければ多いほど片づける人にとって負担になります。今のうちから身軽にしておくことは大切です。まずは、

①すぐに廃棄してしまっていいもの

②売るかどうか見極めるもの

みんなの声
●不用品の片づけをいつかしなくては……
●ものを捨てるのはもったいないので苦手

の2つに分けてみましょう。①は日用品や雑貨、壊れた家財など使っていないものや不要なものです。廃棄方法は自治体による回収か、不用品回収業者に依頼をするかのどちらかを選びます。

自治体による回収は市区町村が指定するルールにのっとって不用品を分別し、指定の日時に合わせて回収場所まで自分で運ばなくてはいけません。手間がかかりますが、そのぶん無料か、安く回収してもらえます。

楽なのは不用品回収業者に回収をお願いすることです。格安に回収する事業者が宣伝をしています。しかし近年、事前の説明と違い高額な料金を取られるなどのトラブルが目立ち、国民生活センターや消費生活センターも注意を呼びかけています。不用品を適切な処理方法で廃棄しない業者もあるようです。事業者を選ぶ際は市区町村から委託を受けているか、「一般廃棄物処理業の許可」を取得しているかを目安にしましょう。

不用品回収業者

不用品の回収サービスを行う民間企業のこと。トラックの大きさで料金が決まる場合が多い。軽トラックの場合、1万円前後～2トントラックなら6万円～がおおよその相場。※業者やプランで大きく変わる

リサイクルショップへ持ち込む

②は溜まりがちな服・本・CD・DVDなど。専門のリサイクルショップ（リユースショップ）へ持ち込みましょう。その場で買い取りをしてくれます。値段がつかないようなものでも無料で引き取ってくれるので手軽に手放すことができます。リサイクルショップは左に挙げたようにさまざまな専門店があります。なんでも買い取ってくれるお店よりも専門店のほうが知識があり、ニーズも把握しているため価値あるものを高く買い取ってくれる傾向があります。

- ファッション（古着、着物）
- スポーツ用品（スキー、ゴルフなど）
- ブランド品（時計、バッグ）
- 本・食器・台所用品、アンティーク、家具、家電

保有する価値のある金・美術品・骨とう品

美術品・骨とう品・金などがあれば複数の専門買取業者に鑑定をしてもらい、相場を確かめておきましょう。今後、値上がりする可能性が高いものは付属品や鑑定書とともに適切な環境下で保管しておけば、将来さらに値上がりすることもあるかもしれません。日本の価値ある美術品や骨とう品は、海外の投資家からも注目されています。

金は世界情勢の不安などを背景に価格が上昇し続けていて、今後も長期的な値上がりが見込める資産として人気があります。

ただし、本人が収集したものは、相続人にとって不要なものになる場合があります。押し付けにならないよう、家族と話をしたうえでどうするか決めることも大切です。

みんなの声
●田舎の土地を複数もらって困った知人がいた
●実家が空き家に。誰も住む予定がないまま数十年がたってしまった……

家・土地を手放す基準

家・土地といった金銭的な価値のある財産は今のうちに売ってしまうか、そのまま保有して相続財産にするべきか迷うものです。それぞれ、今使っていない・今後使う予定がないならば売ってしまうことを視野に入れておきましょう。

ただし、不動産の売却は費用も税金もかかるため、慎重に決める必要があります。

不動産はあなたが亡くなったあと、そのまま所有するにしても売却するにしても、相続をする人へ名義変更をしなければなりません。手続きをするには、これまでの相続人、相続人が死亡している場合はその代わりとなる子どもや孫といった代襲相続人全員の戸籍謄本や印鑑登録証明書など多数の書類を用意する必要があります。

不動産売却の注意点

不動産を売却するときは、不動産の名義人と売主を事前に一致させておかなくてはいけない。放置されている空き家など、すでに名義人が死亡している場合は特に注意。

みんなの声
- 死後、自分のモノは何もない状態が理想なのか？
- 亡くなった親の愛用品を残してもらいたかったと後悔している

捨てすぎに注意したい生前整理

不用品は今のうちになるべく片づけてさっぱりさせておくと、残された家族の片づけの負担は軽くすみます。ただ、あなたが「いらないもの」と判断してどんどん捨ててしまって、死後あなたのものが何もないような状態だと、家族はいつまでも悲しみから立ち直れないかもしれません。あなたにとって「いらないもの」でも家族にとっては何物にも代えがたい大切な思い出の品になるものはたくさんあります。

また、あなたが生前誰にも言わずにものを捨ててしまい、亡くなったあとで親族が「高級な着物があったはず」「高く売れるアクセサリーがない」などと騒ぐような事態は避けたいものです。

できれば、体も記憶も元気なうちに家族と一緒にモノの整理ができるとよいでしょう。モノと一緒に過去を振り返りながら、これまでの思いを語り継げる時間にできれば理想的です。

知りたいポイント⑩

ペットが残されてしまう。どんなことをしておけばいい？

answer

信頼できる人・場所に確実に託す

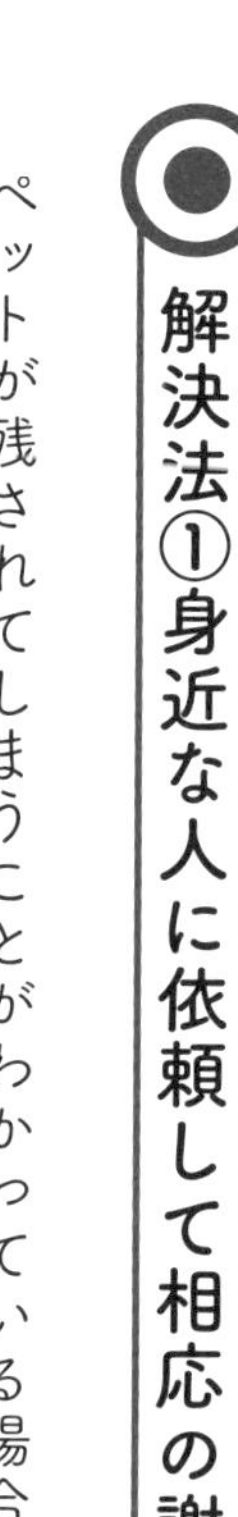

解決法①身近な人に依頼して相応の謝礼を

ペットが残されてしまうことがわかっている場合、まずは、身近に依頼できる人がいないか探してみるのが第一歩です。例えば、自分の子どもや甥（おい）・姪（めい）・友人・ご近所さんなど、親しい人に相談をしてみてください。自分が死亡したあとのことが気になるなら、お世

みんなの声
●死亡後に愛犬の世話を誰かにお願いしたいけれどどうしたらいいの？
●遺産から飼育費を渡しておきたい

話をしてくれる人に頼めそうな場合は、「負担付遺贈」または「負担付死因贈与」という方法でお金を渡せるようにしておきましょう。いずれも財産を受け取ってもらう代わりに、ペットのお世話をお願いする方法です。

●**負担付遺贈**　遺言書で決めておく方法。放棄されると、飼育を引き受けてもらえなくなるので要注意。
●**負担付死因贈与**　生きているうちに両者間で契約を結ぶ方法。飼育の放棄はできない。

〈ここがポイント〉
「負担付死因贈与」なら飼育の確実性が増す、行政書士など法の専門家のもと、公正証書で契約書を作成できるとよい

これって何？

負担付死因贈与
死後、遺産を贈与する代わりに、何かを依頼する（負担させる）契約を結ぶ方法のこと。締結した契約内容は必ず履行される。

負担付遺贈
遺産を贈与する代わりに、贈与される人に何かを依頼する（負担させる）方法。贈与する遺産や依頼する内容は遺言書に記載しておく。

解決法②ペット信託を活用すれば確実

ペット信託の活用も検討してみましょう。信頼できる人（金銭を管理する人）と信託契約書を作成し、管理してもらう信託口座へ必要なお金を入金。ペットの引き渡しをお願いしておきます。監督人をつければ死亡後は約束通りにお金が使われているか、飼育されているかを定期的にチェックしてもらえます。

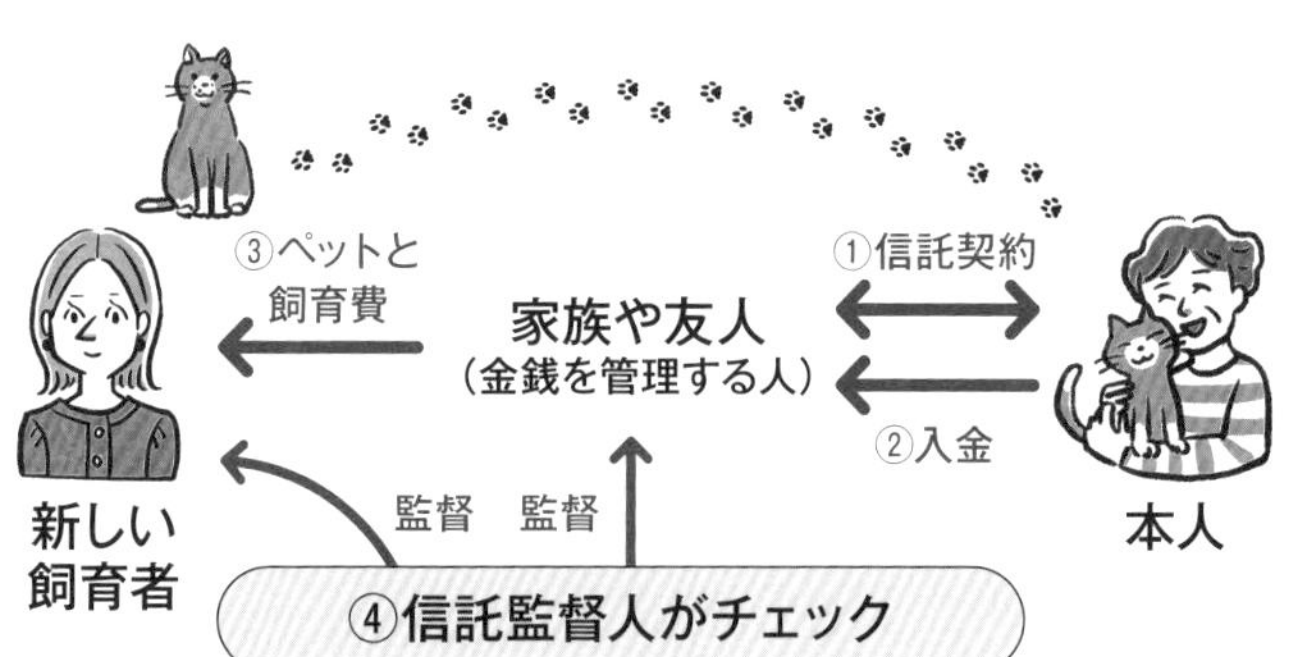

ペット信託の仕組み

①金銭を管理してもらう人と信託契約を結ぶ
②信託口座に飼育費を入金する
③金銭を管理する人は、本人がペットの世話ができない状況になったら新しい飼育者にペットと飼育費を渡して金銭管理をスタートさせる
④信託監督人はペットの飼育状況やお金の管理状況をチェックする

信託契約

金銭などの財産を託して、あらかじめ決められた目的に沿って管理してもらうための契約。監督人を選任すれば目的通りに適切に財産が活用されているか確認してもらえる。

みんなの声
●大切なペットの預け先は妥協したくないので
どんなペットホームがいいのか悩む

解決法③ペットホームに引き取ってもらう

誰にも託せない場合は、自分が健在なうちに民間の有料ペットホーム（老犬・老猫ホーム）に引き取りを依頼することも視野に入れます。入居先には必ず足を運び、次のようなポイントを確認しましょう。

- **立地**　自分が高齢になってから面会に行きやすい立地か
- **料金**　サービス内容に対して納得のできる料金か
- **飼育スタッフとの相性**　話をしていて信用できるか
- **飼育環境**　食事や環境に問題はないか、運動や散歩はあるか
- **ケア内容**　性格や障害・病気に合わせてケアしてくれるか
- **看取り対応**　ペットの最期のときまで面倒を見てくれるか
- **医療体制**　提携動物病院があり受診させてくれるか
- **そのほか**　ペットが好みそうな雰囲気か　など

ペットホーム
飼い主が高齢になる、または亡くなるなどの事情により飼育できなくなったとき、ペットを託せる施設のこと。老人ホームのように、長期間または終生お世話をしてくれる。

知りたいポイント⑪

エンディングノートを書きたい

answer

書く目的を明確にして家族の負担を考慮しながら書こう

何のためにエンディングノートを書くのか

人生の終わり方を考えたとき、エンディングノートを書いてみたいと思う人も多いのではないでしょうか。

エンディングノートの書き方に決まりはないので、自由に書いてかまいません。ただ、法的効力もないため、書いたことが必ず叶う

みんなの声

- 元気なうちに自分の希望を書き残しておきたい
- 人生の終わり方をどう伝えるべきか悩む

ものでもありません。

軽い気持ちで理想の亡くなり方をイメージしながら書きはじめると、つい自分の希望やお願いごとばかりを盛り込んでしまいます。

例えば、深く考えずに「介護は長女にお願いしたい」と書いておいたとします。そうすると指名された長女はどのように感じるでしょうか。そのほかのきょうだいは「長女が指名されているから」と介護にかかわろうとせず、長女は「でもエンディングノートに法的な効力はないから」と反発し……。

エンディングノートを書く目的はあとに残された人たちが困らないようにすることです。見た人をモヤモヤさせたり、家族間の不仲の火種になったりしてはいけません。

書くべきことは、あなたに万一のことがあった際に「家族が知りたい情報」です。行う・叶える人の精神的・金銭的な負担になるようなことや、負担が偏るようなお願いごとを残すのは極力控えましょう。

エンディングノート

自らの終末期や死後のことについて、自分の意思を記載しておくノート。法的拘束力はない。

エンディングノートに書くべき項目とは

ここでは最低限、残しておくべきことを紹介します。

①基本情報

氏名／生年月日／血液型／住民票の住所／本籍地／
戸籍の筆頭者と続柄／父親の名前／母親の名前

②親族家系図と連絡先

関係／名前／連絡先／住所

③健康

持病／アレルギー／常備薬／かかりつけ医／手術歴

④終末期医療

治らない病気の場合に病名の告知を希望（する・しない・その理由）／
余命の告知を希望（する・しない・その理由）／
延命治療を（できる限りしてほしい・一切してほしくない・その理由）／
尊厳死の書類は（ある→保管場所・ない）

⑤財産

金融資産（金融機関名・支店名・種別・口座番号／
有価証券（証券会社名・種類・銘柄や名称）／借り入れ

尊厳死の書類
自然な最期を迎える意思があることを証明する書類。
公証役場で作る「尊厳死宣言公正証書」などがある。

⑥保険

保険証券番号／保険種類／期間・期限／受取人／保険会社連絡先

⑦所有する不動産

住所／種類

⑧葬儀とお墓

葬儀で重視することは（お別れの気持ちの表現・体裁・費用・そのほか・理由）／

遺影の写真の保管場所／宗旨・宗派、菩提寺などの連絡先・過去に菩提寺へ渡したお布施などの額／

現在の祭祀承継者なら墓地の管理者、連絡先と年間の管理費

⑨訃報時の連絡先

知らせたい人の氏名／連絡先／関係／知らせなくてよい人の名前

⑩そのほかの契約情報など

⑪遺言書の有無と保管（P65）

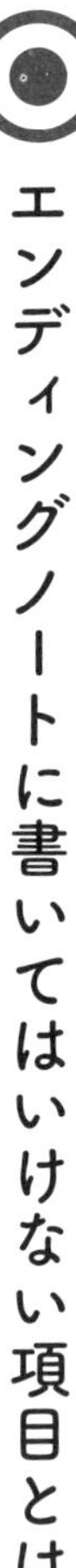

エンディングノートに書いてはいけない項目とは

エンディングノートには、わざわざ記載しないほうがよい項目があります。

①家族の精神的・金銭的負担や、もめごとの原因になるので記載を避ける

介護する人・場所

医療・介護費をどこから出すか

葬儀の具体的なスタイル（葬儀で重視したいことだけを伝え、細かいやり方は葬儀を執り行う人に任せる）

喪主の指名

香典の扱い方／財産管理を任せたい人

残高など財産の詳細／財産の分け方（遺言書で作成するもののため）

形見分けのしかた　など

②セキュリティリスクの観点から記載を避ける

クレジットカードの詳細

（カード会社はわかるようにしておく）

通帳・銀行印の保管場所・暗証番号

スマホや PC のパスワード（エンディングノートには記載場所のヒントだけ記入し、別の場所に記載する）

など

残すほうも残されるほうも納得のノートにするには

エンディングノートには法的効力はありません。できるだけ家族が困らないよう必要な情報のみに絞って記載をすることは前述の通りです。それでも可能な限り自分自身の思いを届け、家族にも負担をかけたくない。両者の思いを大切にしたい場合は、家族と直接会話を重ねながらノートを埋めてみてください。お互いの気持ちや結論に至った背景・理由なども共有できれば双方ともに納得しやすくなります。

また、エンディングノートを定期的に見直すことも大切です。今後の人生において価値観や考え方が変わることは十分にあり得ます。大晦日(おおみそか)や元旦、誕生日を見直す日に設定しておき、1年を振り返りながら改めて未来を見据えてみてください。

あなたに万一のことがあったときに備え、家族にエンディングノートの保管場所を伝えておくことも忘れずに。

身の回りの終活

- 終活はできるだけ元気なうちにスタートを。
やることは多いものの、
手のつけやすいところから始めてOK。

- 残される家族のために終活をする。
判断に迷ったら家族と相談をしながら進めるのもよい。

- 預貯金や保険、株などお金まわりの整理は早めに着手。
認知症と判断されると口座が凍結されてしまうことも。

- 不用品を手放してできるだけ身軽になろう。
でも、整理のしすぎは禁物。値上がりが期待できるものや、
家族の思い出の品については家族と相談を。

- エンディングノートは、
自分の思い込みだけで書かないようにする。
家族の負担になりそうなことに関しては、
できれば事前に相談して

第2章

相続に向けた終活

知りたいポイント⑫

遺産相続の準備をしないとどうなるの？

answer

取り分でもめたり、関係が壊れたり予期せぬ面倒ごとが起こるかも

取り返しのつかないことになる前に

あなたの遺産は相続する権利のある人、主に家族が相続します。遺産の分け方を決めないまま亡くなると、相続する人たち全員で話し合いをして遺産の分け方を決めることになります。円満に遺産を

相続税・基礎控除

相続人が支払う税金。相続する遺産の額が3000万円＋（600万円×法定相続人の数）の基礎控除以下なら、相続税はかからない。

分けることができれば何も問題はありません。しかし、家族といえども、それぞれが独立して暮らしていれば事情はさまざま。もらえる遺産があればほしいと思ってしまうのは自然なことだといえます。話がこじれると、もめた挙句、修復不能な不仲に陥ったり、裁判に発展したりするケースもあります。

仮に、もめずに遺産を分けていても、遺産の額に応じた相続税を払い終わったとしても、存在を把握していない遺産があとから出てきてしまったらその遺産を分けなければなりません。場合によっては延滞税や加算税を支払わなくてはならないかもしれません。

〈ここがポイント〉

亡くなる前に遺産相続の準備をする大きな理由2つ

①相続する人同士がもめないようにするため

②時間をかけすぎず、スムーズに終わらせるため

みんなの声

●遺産相続で家族をもめさせたくない

●うちは遺産相続ではもめないはず

延滞税

延滞税は相続税の納付期限（財産の持ち主の死亡を知った日の翌日から10カ月以内）までに納付していない場合に払う税金のこと。

みんなの声
●遺言書がないとどうなるの？
●相続の手順がわからないので、
詳しい人に聞いてみたい

相続手続きの流れを把握すると準備に取りかかりやすくなります。

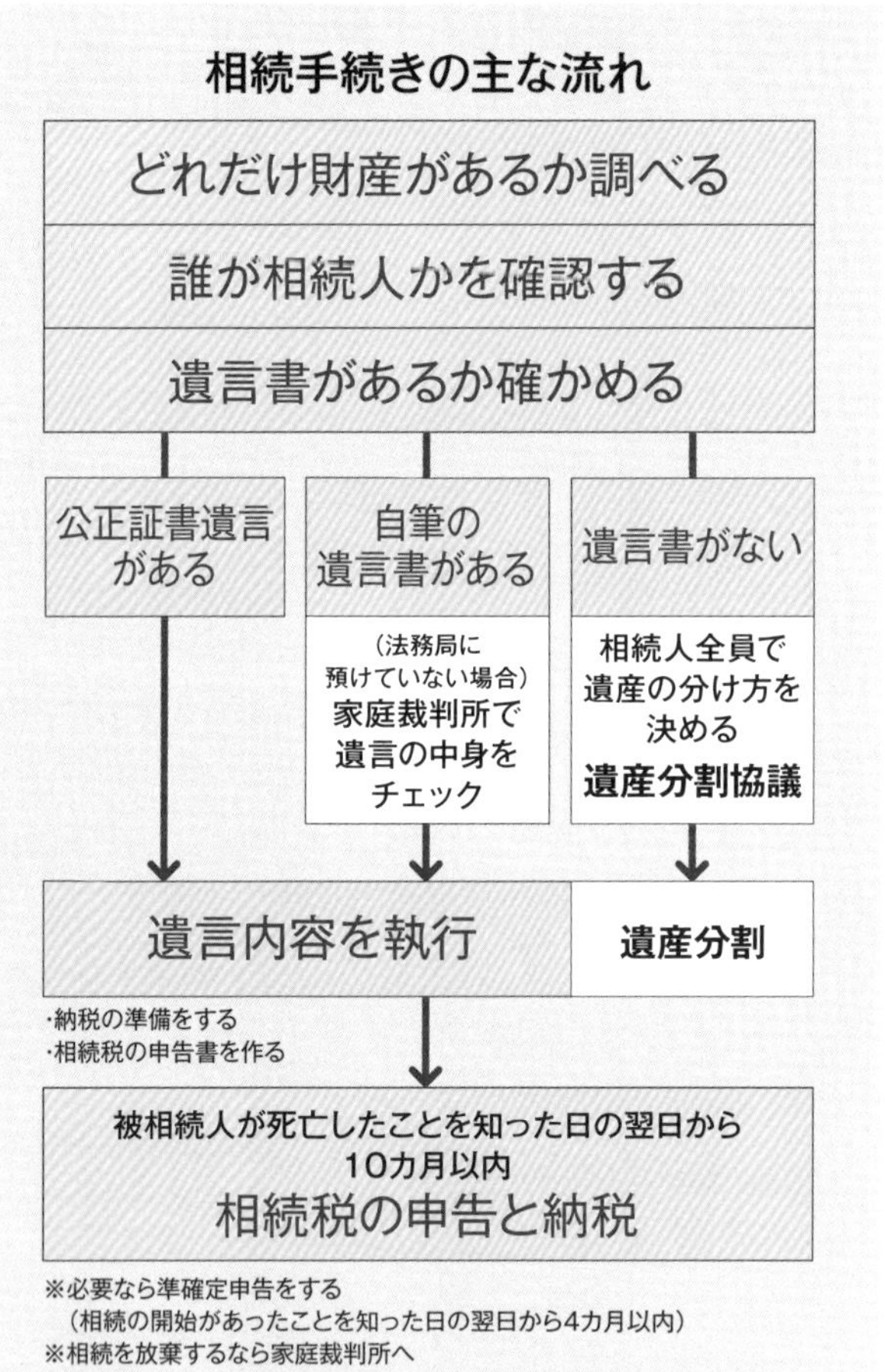

遺産分割協議

遺言書がない場合、相続する権利のある人（法定相続人）が全員で協議すること。全員が合意をしないと遺産を分けることはできない。

遺言書

遺言者の財産をどうするのかという意思表示のこと。法律によって書き方が決められている。

みんなの声
●遺産相続のためにまず何をしたらいい？
●故人の借金も相続しなくてはいけないの？

財産をリスト化、過去の戸籍謄本を取得しておく

あなたが死亡したら相続人はあなたの財産がどこにどれくらいあるのかを調べます。財産調査には大変な手間がかかるので、あなた自身でどのような財産があるのかわかるようにしておきましょう。また、相続する人を確定させるためにあなたの出生時から死亡時までの連続した戸籍謄本なども必要になります。こちらも今のうちに過去分を取得しておくと、残された人は再取得したり「法定相続情報証明制度」を利用したりするときに役立ちます。ただし、家族が知らない事実が露呈してしまう可能性がありますので取得するなら自己責任で。

プラスの財産

現金
預貯金
土地
建物
借地権
地上権
自動車
オートバイ
美術品
骨とう品
貴金属類
株・投資信託
債券
ゴルフ会員権
リゾート会員権
など

マイナスの財産

ローン
未払いの代金・税金　など

財産調査
相続する財産の有無や、財産の金額や評価額をすべて調べること。

法定相続情報証明制度
戸籍謄本の代わりに法定相続情報一覧図という紙で相続関係を証明してくれるもの。必要書類を法務局に提出し交付してもらう。

知りたいポイント⑬

遺産の分け方を知りたい

answer

遺産の分け方は3通りある
分け方を決めておくなら遺言書を用意

あなたの意思を尊重する遺言書

遺産の分け方は3通りあります。

①相続人全員の話し合いで決める（遺言書がなければ「遺産分割協議」をする）

②裁判所の調停・審判で決まる（①で決まらない場合）
③遺言書の内容に従って分ける

みんなの声
●遺産の分け方は口頭で伝えるだけでは不十分？
●話し合えば孫にも渡せる？

仮にあなたが「自宅は娘に、預貯金500万円は息子に」などと口頭で伝え、家族全員が了解していても、遺言書がない場合は①の方法で遺産の分け方を決めることになり、伝えておいた通りにならないケースも十分に想定できます。相続人全員が納得できない場合は②に発展するかもしれません。また、相続人以外に遺産を渡したい場合は、遺言書がなければ渡せません。

〈ここがポイント〉

分け方を決めておくなら法的な効力のある遺言書を用意

〈よく使われる遺言書の種類は主に2つ〉

●自分で書く「自筆証書遺言」　●公証役場で作る「公正証書遺言」

遺産は民法で定められた相続人が相続できる

誰が相続人になるのかは、法律で定められています。

戸籍上の配偶者は常に相続人です。それ以外の人には相続順位が決まっていて、上の順位の人がいない場合は順位が移ります。

相続できる順位

- ●第1順位は、被相続人の子供（養子・非嫡出子も含む）
- ●第2順位は、被相続人の父母
- ●第3順位は、被相続人の兄弟姉妹

なお、子供は実子のみならず、養子縁組している子も含まれます。

また、すでに亡くなっている人（例：子供）の代わりに相続人になる人（例：孫）のことを「代襲相続人」といいます。

被相続人
亡くなった人のこと。
財産を相続される人のことをいう。

代襲相続人
すでに死亡している人の代わりに遺産を受け取る人。相続放棄した人の分は受け取れない。

みんなの声
- 親族のどこまでが相続人になるんだろう?
- 子供がいない場合、誰が相続するの?

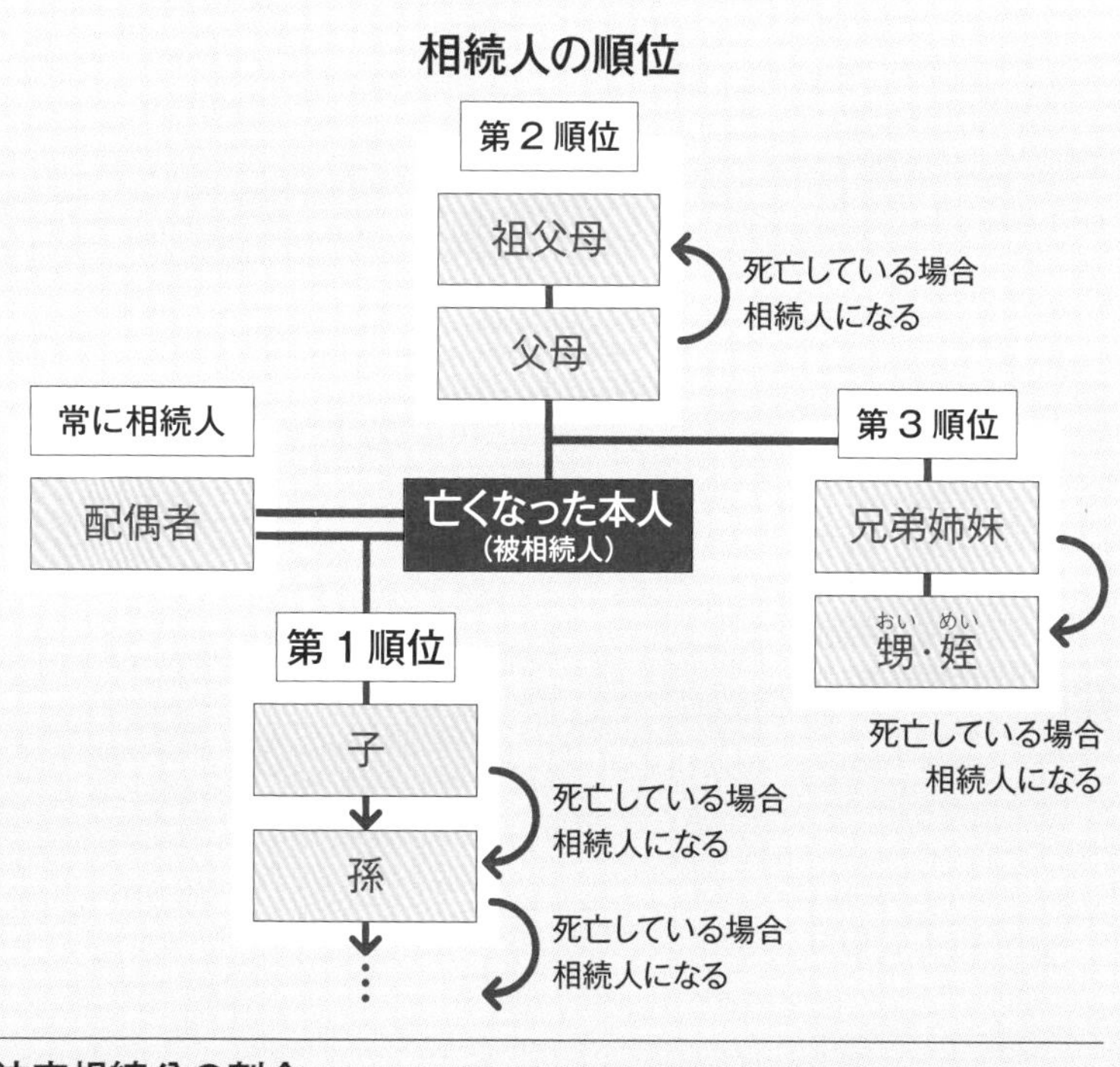

法定相続分

それぞれの相続人の遺産の取り分のこと。遺言書がない場合の遺産の分け方として、法定相続分が目安となるが、必ずしも法定相続分の通りに分ける必要はない。

知りたいポイント⑭

遺言書の書き方を知りたい

answer

形式が決まっているため専門家に相談しながら作成してみよう

自筆証書遺言または公正証書遺言どちらがいい？

主に使われる遺言書は2種類あります。どちらも行政書士などの専門家に相談しながら作成するとよいでしょう。

みんなの声
- 遺言書は自分で書いていいものなのか
- 気が変わって遺言書を書き直したくなったら?

●自筆証書遺言/自分で書くタイプの遺言書

長所
- 費用がかからない
- いつでも作成ができる

短所
- 不備があると無効になる、または手続きできない可能性がある
- 紛失や隠匿、改ざんの恐れがある
- 自筆証書遺言書保管制度で法務局に保管をしていなければ遺言者の死亡後に家庭裁判所で検認が必要　など

●公正証書遺言/公証役場で作成してもらうタイプの遺言書

長所
- 公証人に口述するため本人の意思が明確に伝わる
- 紛失や隠匿、改ざんされない
- 開封に家庭裁判所での検認が不要

短所
- 公証役場への手数料がかかる（3万円~8万円程度かかるケースが多い）
- 証人2名必要（利害関係のない人）

検認
遺言書の偽造・変造防止の手続き。法務局に保管していない自筆証書遺言は遺言者の死後、家庭裁判所に申し立てする必要がある。

自筆証書遺言書保管制度
自筆証書遺言を法務局で保管してくれる制度。遺言者自身が法務局に持参しなければならない。保管の手数料は3900円。遺言者の死後、相続人が交付請出する。

みんなの声

- 遺言書の正しい書き方を知りたい
- 遺言書をどこに保管しておくか悩む……

自筆証書遺言を作成するポイント

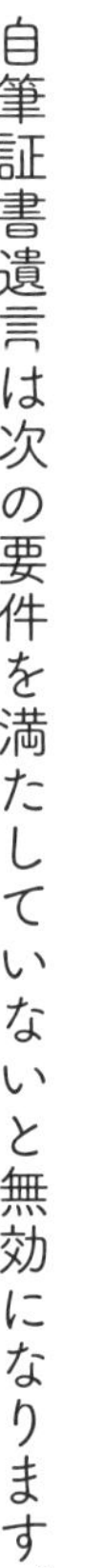

自筆証書遺言は次の要件を満たしていないと無効になります。

①すべて手書きで書く（財産目録のみパソコン印字も可。ただし、1枚ごとに署名・押印が必要）
②作成年月日を記載する
③署名する（できれば住民票に記載されている漢字がよい）
④押印する（実印が望ましい。スタンプ印は無効）

消しゴムなどで消えないペンを使用し、誰に何の財産をどれくらい相続させるかわかるように書きます。訂正の仕方にも細かいルールがあるので間違えたら全文書き直すことをおすすめします。

公正証書遺言の作成のしかた

公証役場で作る公正証書遺言は次のような手順で作成します。

①遺言の内容を考えて公証役場へ行く(要予約。戸籍謄本・証人情報など必要書類あり)
↓
②戸籍謄本など必要な書類を提出し、公証人に遺言内容を伝える
↓
③公証人が遺言書の下書きを作成する
↓
④遺言書作成の予約をする
↓
⑤証人2名とともに公証役場へ行く
↓
⑥公証人が遺言書を読みあげて全員で内容の確認をする
↓
⑦問題がなければ署名・押印をして完了

条件を満たした証人が見つからないときは公証役場に相談すると専門家を紹介してもらえます。なお、どうしても公証役場に行けない場合は、病院や施設などへの出張もしてもらえます。

証人

公正証書で遺言書を作るときは証人2名が必要。未成年や遺言を受け取る予定の人など利害関係のある人は証人になれない。

知りたいポイント⑮

遺産をもめないように配分するにはどうすればいい？

answer

遺留分に注意して実情に合わせた配分を

遺言書より優先される遺留分とは

遺言書がない場合、相続人との話し合いで遺産の分け方を決めますが、遺言書がある場合は相続財産が指定されているため不平等が生じてしまうことがあります。そのため、民法では相続人に最低限の相続分がもらえる権利を与えています。それが「遺留分」です。

みんなの声
- 不義理な息子に遺産を渡したくない
- すべての遺産を特定の相続人に渡してもいいの？

遺留分があるからといって、必ずしも遺留分相当を相続させる遺言書にしなければならないわけではありません。遺留分を主張するかどうかはその人次第だからです。ですが、もし遺留分の請求をされたら、金銭で支払わなければならないという点が問題です。例えば、遺産が不動産とわずかな預貯金なので、遺言書で不動産はA、預貯金はBとしたとき、BはAに対して遺留分に満たない額を請求するかもしれません。遺留分より少ない額を相続させる人がいる場合は「遺留分の請求がなされたときの金銭をどうするのか」にも目を向けておかなければなりません。対策方法はいろいろありますので、遺言書を取り扱っている法の専門家に相談してみてください。

なお、遺留分の請求ができるのは「相続人」第2順位までに限られており、それ以外の人は主張できません。遺留分の割合は、配偶者と子は法定相続分の1／2、父母は1／3ですが、相続人であっても兄弟姉妹には遺留分はありません。

これって何？

遺留分

遺言によっても侵害することのできない相続人に与えられた保障割合。兄弟姉妹には遺留分はない。主張できる権利には時効（1年）がある。

みんなの声

●遺産相続でなぜもめてしまうのかが知りたい
●現金がないので遺産相続でもめそうだ

実情に合わせて不公平感が出ないように分ける

遺産は遺留分をクリアしつつ、できるだけ不公平感なく配分するのがベストです。ただ、平等に分ければいいわけではなく、実情に合わせて配分をしないと不満につながります。特に気をつけたいのは二次相続のときです。例えば父母（夫婦）と2人の子供（C・D）がいたとします。父が亡くなったときは遺産を母と子C・Dで分けます（一次相続）。このとき子C・Dは母を支える意識が働き、遺産をめぐって争うケースはほとんどありません。しかし次に母が亡くなり、遺産を子C・Dで分ける二次相続となったとき、子供たちはこれまでの不満をぶつけあって争う例があります。Cは「介護を手伝ったのにDと取り分が同じなのはおかしい」、といった具合です。同居した、家業を手伝った、学費を出してもらった、結婚資金や新築費用を出してもらった……など、実情を鑑みて分けるのがポイントです。

みんなの声

- 空き家を相続することになり困ってる
- 田舎の土地と山をどう分けるかで、かなりもめた

「財産の大半が不動産」の場合はもめやすい

遺産相続のトラブルでよくあるのは、分けにくい財産がある場合です。たとえば、不動産がそうです。特に、空き家や使い道のない土地といった売れない不動産はやっかいです。現金があった場合、相続人はみな現金を欲しがります。そのような場合でも、不動産は誰かが相続しなければなりません。不動産を押し付けあう可能性があるのなら、遺言書で相続させる人や相続させる方法を指定しておくことも大切です。例えば、誰も住まない不動産で売却可能なら「売却して現金化して分割する」といった「換価分割」という方法もあります。他にも分け方として、「この不動産はAが相続する代わりに他の相続人には見合った現金を渡す」といった「代償分割」もあります。

どのような不動産なのか、そのまま相続させるのがよいのか、売却できるのかなどによりますが、どうするのか考えておきたいものです。

代償分割

ひとりの相続人が不動産など現物を相続したら、ほかの相続人に金銭を払うことで平等になるように調整する方法。

換価分割

相続した財産を売って現金にして、相続人でその現金を分ける方法。

相続人同士の人間関係でもめる・困るケースもある

遺言書がない場合、遺産分割でもめたり困ったりするケースがあります。例えば次のようなパターンです。

- **前夫との間に子供がいる**→実子と同様、養子縁組している子供、認知された非摘出子も相続人なので、全員で協議が必要
- **相続人に行方不明者がいる**→音信不通でもその人を除いて手続きできない
- **判断力のない相続人がいる**→その人の代理人（家庭裁判所で選んでもらう後見人）が必要になる。
- **相続人が多すぎて意見が合わない**→遺言書がない場合は相続人全員の合意がないと相続できない
- **相続人同士がそもそも不仲**→絶縁状態でも合意は必要

みんなの声

●何年も会うこともなく、亡くなったかどうかもわからない親戚がいる

問題はできるだけ解決しておく

自分が亡くなったあと、遺産相続でもめごとになりそうなことがあれば、事前に解決に向けて働きかけておくことも、迷惑をかけない終活のひとつです。最も理想的なのは話し合って、遺産の分け方に納得をしてもらい、遺言書にきちんと残すこと。しかし、そうはいっても思惑は人それぞれ。遺産の分け方を話し合ったらかえって子どもたちが不仲になった、ということもありますからすべてが簡単に解決できる話ばかりではありません。

少しでもトラブルの予感があれば相続業務を行っている専門家（弁護士や司法書士、行政書士など）を頼ってみましょう。

〈ここがポイント〉

自力解決できない遺産相続の問題はプロに頼る

知りたいポイント⑯

おひとりさまが遺産を寄付する場合のポイントは？

answer

寄付を受けてくれるか問い合わせを遺言書にも寄付する旨を記載して

おひとりさまの遺産は自動的に国に行かない

よく、相続する人がいない人の遺産は「国のものになるのだから」と言う人がいますが、それは、利害関係人が家庭裁判所に予納金を納めて「相続財産清算人の申し立てをしたら」です。誰も申し立てを

みんなの声
●おひとりさまの遺産の行方が気になる
●遺産は寄付してしまいたい

しなければ現状は放置されたままです。遺言書とあわせてP102の死後の準備をしておかなければ周囲は困ってしまいます。
もし自分の死後、葬儀や遺品整理の費用などさまざまな費用の精算をした残りの遺産すべてを、自分が支援する団体や機関などに寄付したいのなら、遺言書でその旨を書いておかなければなりません。確実に寄付してもらえるよう、法の専門家に相談したうえで作成したほうが安心です。主なポイントは次の4つです。

1 寄付したい先に、寄付を受けているか、寄付は金銭のみか確認
2 死後にかかる費用の精算ができるようにしておく
3 家はそのまま寄付できないため売却できるようにしておく
4 費用の精算、不動産の売却、寄付をしてくれる遺言執行者を知人や、法の専門家に依頼しておく

これって何？

遺言執行者
遺言の内容を実現するための手続きなどを行う人のこと。遺言書で指名しておくことができる。未成年者や破産者ではない限り誰を指名してもかまわないが、事前に依頼、了解を得ておくことが必要。

知りたいポイント⑰

遺産相続より生前贈与がいい？そもそも生前贈与とは何？

answer

相続税がかかりそうなら生きているうちに財産の移転も検討

相続税がかかる人の場合、財産の総額そのものを抑えておけば相続税も安くできる可能性があります。それは、子どもや孫などに財産を渡しておく方法です。それを生前贈与といいます。

生前贈与の主な方法

生前贈与の方法は主に左の2つがあります。なお、暦年贈与の場合、贈与税は受け取る側が1年間に基礎控除額（110万円）を超えていた場合に支払わなければならない仕組みです。毎年110万円を何年も定期的に贈与すると、総額を一括贈与する意思があったとみなされ、課税される可能性があるため、できれば贈与するたびに贈与契約書を作成しておきましょう。

暦年贈与

毎年110万円まで非課税で贈与できる。毎年1月1日から12月31日までに贈与される額が110万円の基礎控除以下の場合、贈与税はかからない。第三者にも贈与ができる。

相続時精算課税制度

総額2500万円以内なら何度分けて渡しても贈与税はかからない。また、毎年110万円以下なら、2500万円とは別枠で、非課税で贈与できる※。60歳以上の父母または祖父母から18歳以上の子・孫への贈与しか使えない。

※2024年1月1日以降適用

生前贈与の注意点

前ページで紹介した①暦年贈与と②相続時精算課税制度は、どちらか一方を選ぶ必要があり、例えば、母からの贈与は①、父からの贈与は②、どちらも①や②といった選択ができます。

暦年贈与は、贈与をした人が亡くなった場合、その7年前※1までに贈与した分は遺産に加えられてしまうので（持ち戻しという）、早めに行う必要があります。しかし、相続人以外に贈与した分は持ち戻しの対象にならないため、相続人ではない孫などに少しずつ贈与したい場合には、こちらを選んだほうが有利です。

一方、相続時精算課税制度は、年齢の要件がありますが、毎年110万円までの基礎控除内なら贈与税がかかりません。110万円の基礎控除額を超えた分は総額2500万円枠にカウントされ、2500万円を超えたときは超えた分に20％の贈与税が課されます。

生前贈与の持ち戻し

被相続人の亡くなったときまでに相続人等に対して生前贈与されていた財産について、相続財産として加算して相続税を計算すること。

みんなの声
●生きているうちに財産を渡しておきたい、気をつけておくポイントは?

相続時精算課税制度を選んだ場合は、以後、暦年贈与の利用はできません。また、この制度を選んだときや年に110万円を超えたときには税務署に届け出る必要があります。ですが、毎年110万円の基礎控除※2以内の贈与分は持ち戻しがありません。

※1・2共に2024年1月1日以降適用

〈ここがポイント〉

細かな要件や、利用によって相続税の特例が使えなくなるなどもあるため、税理士などの専門家にサポートをしてもらおう

知りたいポイント⑱

生前贈与と相続、どちらが得かわからない

answer

どちらが得かは個別ケースによる相続税がかかりそうなら生前贈与の検討を

相続税がかかるかどうか大まかな試算をしてみよう

相続税がかかるのかを知るには、相続税の基礎控除以内かどうかでまずは判断ができます。もし、基礎控除額を超えたとしても、特例を使うことで相続税がかからない場合もあります。

●相続税の基礎控除額の計算式

3000万円＋（600万円×法定相続人の数）の基礎控除以下なら、相続税はかからない。

●配偶者の税額軽減の特例

配偶者が相続する額が1億6千万円もしくは法定相続分までは非課税になる

●小規模宅地等の特例

自宅の土地などが8割減評価になる。ただし相続人が自らの家を所有している場合は適用されないなどの要件がある

詳しいアドバイスがほしい場合は、税理士に相談しましょう。

知りたいポイント⑲

生前贈与を賢く行う方法を知りたい

answer

贈与が非課税になる制度を活用しよう

意外と身近な方法で可能なことも

暦年贈与や相続時精算課税制度だけではなく、他にも贈与の際に非課税で渡せる方法や特例の制度があります。

適用期限が迫っているものもあるのでぜひチェックをしてみてください。

みんなの声
●生前贈与の法改正があると聞いた
●折を見て生前贈与をしてほしいと言われた

〈方法1〉生活費・教育費の贈与

父母または祖父母が子や孫へ贈与する生活費・教育費にあてるお金は非課税になります。必要なたびに振り込みをする必要があり、一括で贈与すると課税対象になるため注意が必要です。例えば、月13万円の仕送りは非課税で、申告も特に不要です。上限は社会通念の範囲内であれば定めはありません。ただし、1年分の生活費156万円（13×12月）を一括で振り込んでしまうと課税されます。

また、渡されたお金はすべて生活費・教育費として使わなくてはいけません。生活費とはその人が暮らしていくために通常必要なお金全般を指し、教育費とは学費や教材費、文具費などのことです。贈与したお金を投資や貯金にまわしてしまうと課税の対象になるため、生活や教育費として使われていることがわかるよう、授業料の口座へ振り込む、専用口座を作り領収書を保管するなどして使途を明確にしておきます。

生活費・教育費の贈与の注意点

贈与を受ける側の所得が1000万円以上の場合は、非課税の対象外。
受贈者の対象年齢は30歳未満。23歳以上は、習い事が対象外に。

〈方法2〉教育資金の一括贈与

教育費を一括で贈与する場合に、一人あたり1500万円まで非課税になる制度です。ただし、直接贈与するお金を渡すのではなく、金融機関に教育資金専用の口座を開設し、一括で振り込む必要があります。その後、このお金を使うときには請求書や領収書を金融機関に提出し、引き出しや支払いをします。贈与したお金は学校への支払いだけではなく、学習塾やピアノ教室といった習い事にも活用できます。

お金は受け取る人が30歳になるまでに教育費として使い切らなくてはいけません。残ったお金には課税されてしまいます。1500万円のうち500万円までは習い事や制服代などへの使用も可能です。

教育資金の一括贈与が非課税となる特例制度の適用は2026年3月31日までです。

〈方法3〉結婚・子育て資金の一括贈与

結婚または子育て資金を援助する際の贈与は非課税になる制度です。贈与する相手は18歳以上50歳未満の子・孫に限ります。金融機関に結婚・子育て資金専用の口座を開設し、一括で振り込みます。使うときには請求書や領収書を金融機関に提出し、引き出しや支払いをします。

結婚にまつわる費用には、300万円まで非課税で活用できます。例えば、挙式や披露宴など、婚姻届けの提出から1年以内に支払われるものや新居費用・転居費用などが該当します。

また、不妊治療や健診、分娩費、幼稚園・保育園の費用など出産と育児にまつわる費用は1000万円までが非課税となります。

結婚・子育て資金の一括贈与が非課税となる特例制度の適用は2025年3月31日までです。

※2023年11月時点での情報です。

〈方法4〉住宅に関する贈与税の配偶者控除

婚姻歴20年以上の配偶者へ自宅または自宅取得のための資金を贈与する際は最高2110万円までが非課税になる制度です。

この特例の適用を受けられるのは、同じ配偶者から一生に一度に限られています。また、住むための住宅資金ではない別荘や海外の不動産などの場合には適用されません。この贈与で不動産を取得した人は必ず住まなくてはならず、または贈与された年の翌年の3月15日までに住む見込みがないと課税対象になります。

この贈与のメリットは、確実に配偶者に自宅を渡せるということと、贈与した人の財産を減らせることです。

デメリットは、不動産の登記をするときに不動産取得税がかかり、登録免許税は相続のときより高い税率になることです。

登録免許税

土地や建物を建築、購入する際に行う不動産の所有権保存登記や移転登記等の際にかかる税金のこと。

生前贈与をするときは必ず専門家に相談を

生前贈与は上手に活用できればうれしいメリットがあります。相続税を安くできる可能性があるだけではなく、生きているあいだに贈与すれば有効に使ってもらえますし、感謝の気持ちも表現できます。もらった人からは感謝され、直接お礼の言葉を聞けるのも今のうちです。ただし、先々のために預貯金は手元にあったほうがよいものです。贈与によって自分の生活に影響が出ない範囲で行うことが大切です。

生前贈与も相続もうまく進めるためには、税金や相続に詳しい専門家に相談をすることをおすすめします。より詳細な相談をするなら、弁護士や司法書士、行政書士よりも税理士に相談してみましょう。

〈ここがポイント〉

実績豊富な相続や生前贈与の実情をよく知る専門家に頼ること

知りたいポイント⑳

古い空き家を放置している。今のうちにできることは何？

answer

不動産の登記で困らないように確認しておく

不動産の登記は義務になる

「母が亡くなり、自宅を相続人の名義に変更しようとしたら名義が祖父のまま」というケースは多いものです。不動産の登記は今まで任意だったため、法務局に登記されていなかったり名義変更がされていなかったということがあるからです。

みんなの声
●祖父の代からずっと住んでいるから名義なんて気にしていなかった
●「登記の義務化」って何するの？

しかし、2024年4月1日から不動産の登記が義務化。相続の開始及び相続で不動産取得を知った日から3年以内に不動産のある地域を管轄する法務局で登記しなければなりません。期限を過ぎると10万円以下の過料が科される場合があります。

例えば、不動産の名義が祖父になっているとします。当時の祖父の相続人は祖父の子3人（姉・兄・弟）でしたが、姉と兄が現在亡くなっている場合、姉と兄の相続人と弟で遺産分割をし、遺産分割協議書（誰が不動産を取得するかの一覧）に署名、印鑑登録証明書の添付をしなければならないといった、とても大変な手続きをしなければなりません。

〈ここがポイント〉

法務局で登記内容を確認。必要なら相続の専門家に相談しましょう

第2章 相続に向けた終活

相続に向けた終活

相続の準備をしないと家族が困る。もめごとにならないよう、どう分配するかを事前に考えることも大切。

財産の情報はわかるようにしておく。出生時から現在までの戸籍謄本を集めておくと相続人が助かる。

遺産の分け方を決めておきたいなら遺言書を書いておく。確実に遺言執行できるよう、専門家に相談すると安心。

節税対策は必ず専門家に相談を。生前贈与と相続で損をしない方法を知っておけば慌てずにすむ。

第3章

介護・認知症・終末期医療に備える

知りたいポイント㉑

突然倒れたときに備えて家族に伝えておくべきことは？

answer

見つけてもらえる場所に緊急連絡先を用意

発見者が通報して警察が身元を調べてくれる

身内も知り合いも誰もいない場所で突然意識を失って倒れたら、その後はどのようにものごとが運んでいくのでしょうか。

まずは発見者が救急車を呼びます。病院はあなたの身元がわかるものがないか、ポケットやカバンの中を開けて調べはじめます。持ち物から関係者につながる情報をたどり、連絡がつきそうな人へ連絡がいきます。もし死亡が確認され身元がわからないときには警察が関与します。

万が一のときに備えて、素早く家族へ連絡が行くよう緊急連絡先はわかるようにしておきましょう。また、医療機関にすばやく医療情報が伝わるよう、病歴、持病、アレルギー情報などのメモもあると安心です。P50の「終末期医療」の希望も書いておくと家族に判断の負担をかけません。外出先で倒れたときに備えて健康保険証と一緒に携帯しておくとともに、自宅で倒れたときに備え、玄関やわかりやすい場所に置いておくなどもしておきましょう。

〈ここがポイント〉

緊急連絡先やかかりつけ医などをわかるようにしておく
自宅用、外出用ともに準備しておくと安心

知りたいポイント㉒

子どもは遠方に住んでいます。体が不自由になったらどうしよう

answer

見守りや財産管理などの契約で対処する

判断能力があるうちに信頼できる人と契約を

近くに頼れる人がいないまま年を重ねるのは不安なものです。「迷惑をかけたくない」と思って一人で暮らしていたり、おひとりさまの場合も、自分の身に何か起きたときのことを考えると心配になってしまいます。

みんなの声

●子供は近くにいないし、いざというときいったいどうなるのか気になる

できれば、元気なうちに地域の人や近くの友人と親交を深めて、近隣に住む人同士、お互いに頼れる関係を築くことが大切です。地方自治体が運営するサークル活動などの場に出向いて新たな交友関係を築くのもひとつの手ですが、もしそういった人をなかなか見つけられない場合は、どうすればいいのでしょうか。

高齢者がいつか「自分でできないこと」が生じたときのために、今のうちにお願いしたい相手と「契約」を結んでおき、いざというときに支援してもらえるよう準備をしておくと安心です。

① **見守り契約**　健康状態や生活を定期的に見守ってもらう契約

② **任意代理契約（財産管理等委任契約）**　財産の管理や生活、療養看護に関する手続きなどをしてもらう契約

③ **任意後見契約**　認知能力が低下したあと、財産の管理や生活、療養看護に関する手続きなどをしてもらう契約

委任契約

何かの行為を人に頼める契約。頼む人・頼まれる人がお互いが承諾することで契約が成立する。

認知機能が低下する前にできる3つの契約

「①見守り契約」「②任意代理契約」「③任意後見契約」の3つはいずれも高齢者の暮らしや権利を守る契約です。

契約をお願いする相手は自由に選べます。身内でも友人でもかまいませんが、ある程度の年齢差は必要です。身近に頼める人がいない場合は、弁護士や司法書士、行政書士といった法律の専門家や、社会福祉協議会などの団体と契約を結ぶことも可能です。いずれにせよ、専門家が依頼内容を書類に起こし、公証役場で公正証書にします。①~③は複数をまとめて契約することもできますが、①②のみの契約は実務上できません。

この3つの契約はいずれも認知機能が低下してからは結べない契約です。元気なうちに備えておく契約ともいえます。

公証役場

法務省が管轄する役場。公証人と呼ばれる実質的な公務員が書類の作成をしてくれる。公正証書とは公証人が作る公文書のこと。

社会福祉協議会

サポートが必要な地域の高齢者などを対象にした福祉団体。日常生活の手伝いから専門的な支援まで対応範囲は広い。

元気なうちに備える3つの契約

ひとり暮らしが不安なとき

①見守り契約

・訪問または電話で健康状態や生活状況を定期的に確認する
・契約によっては万一のときにかけつけてくれる
・支援がスタートした場合、費用の目安は月額5千～2万円

体が不自由なときに代行を頼む

②任意代理契約（財産管理等委任契約）

契約スタートの意思表示を契約した相手に伝えたときから契約が発効

・本人の財産管理や身上監護などをする
・契約の範囲は当事者間で自由に決める
・支援がスタートした場合、費用の目安は月額2万～3万円

判断力が低下したときに代理人になってもらう

③任意後見契約

本人の認知能力が低下してきたタイミングで契約した相手が家庭裁判所に申し立てて契約が発効

・認知能力が低下した本人の財産管理や身上監護などをする
・契約の範囲は当事者間で自由に決める
・家庭裁判所から選ばれた任意後見監督人が任意後見人を監督する
・支援がスタートした場合、費用の目安は依頼相手に月額2万～3万円、監督人に月額1万～3万円

●①～③いずれも認知能力が低下したときには契約の締結不可
●たいていは③の契約に①と②が付随する
●①～③いずれも食事や排せつの介助などの介護や日常品の買い出しといった行為は不可
●契約の依頼相手を家族などの身内にすれば費用は抑えられることも

知りたいポイント㉓

認知症になっても財産は守れる？

answer

緊急のときは法定後見制度で権利を守る

何も対策をしないまま判断能力を喪失したら

認知機能が低下してしまうと、さまざまな困難が生じてきます。特にお金を管理できなくなると、後先考えずに浪費をしたり、思わぬ金銭トラブルや詐欺に遭ったりするなど、財産を失ってしまうような事態につながります。

すでに認知機能が低下してしまった段階では、P95で紹介したような財産を守るための任意後見契約は締結できません。
認知機能が低下したあと、または認知症と診断されたあとは法定後見という制度で権利を守ることになります。

みんなの声
●認知症になって何もわからなくなったらどうしよう
●判断力が衰えてしまったら誰が助けてくれるのか

●法定後見制度
・配偶者、四親等内の親族などが家庭裁判所に申し立てをする
・家庭裁判所が後見人、保佐人、補助人にふさわしい人を選ぶ
・後見人などは親族または法律や福祉の専門家から選ばれる
・本人の判断能力の程度により成年後見人か保佐人か補助人がつく

後見人は専門家が選ばれるケースが多く、その報酬は財産の額によりますが月額2万～6万円です。選ばれた後見人は基本的に辞任も解任もできません。本人名義のものはすべて後見人が管理することになります。

これって何？
後見人
認知症や知的障害などで判断力を喪失している人の代わりに生活や財産を守る人のこと。

判断能力が不十分な人を助ける成年後見制度

みんなの声
- 任意後見と法定後見の違いがわからない
- 成年後見制度では何を依頼できるのか知りたい

成年後見制度には、判断能力が落ちる前に本人が備える「任意後見制度」（P97）と、任意後見契約がなく判断能力が低下したときに家庭裁判所で後見人が選ばれる「法定後見制度」があります。

行ってもらうことはほとんど同じですが、大きく違うのは後見人になってもらいたい人を事前に決めておけるかどうかです。

成年後見制度（任意後見・法定後見）**で行える主なこと**

財産管理	・預貯金や現金の管理 ・不動産や車などの財産管理 ※法定後見の場合、不動産の売買は家庭裁判所の許可が必要 ・遺産分割 ・年金の受け取り ・税金の申告・支払い
身上監護	・医療、介護や福祉サービスの手続き・支払い ・住居の契約手続き・支払い ・生活状況や健康状態の見守り

成年後見制度（任意後見・法定後見）**で行えないこと**

介護や家事、買い物などの実際の行為

法定後見と任意後見の主な内容

法定後見制度

すでに判断能力が不十分な場合
家庭裁判所が選定

本人の判断能力が全くない	本人の判断能力が著しく不十分	本人の判断能力が不十分
↓	↓	↓
後見人	保佐人	補助人
後見人に代理権と取消権が与えられる	保佐人に一部の代理権と同意権、取消権が与えられる	補助人に一部の代理権と同意権、取消権が与えられる

報酬：家庭裁判所が決定
（月あたり２万～６万円程度）

任意後見制度

将来、判断能力が
不十分となったときに
備える場合
本人があらかじめ
選んで契約を結ぶ

判断能力が
あるうちに、
任意後見人を
選んでおく

報酬：自由に決められる
（別途、任意後見監督人へ
月額1～3万円）

知りたいポイント㉔

身寄りがいないので死亡後の手続きを誰かにお願いしたい

answer

死後事務委任契約で死後のことを依頼できる

自分が亡くなったあとの手続きをお願いする契約

人が亡くなると死亡届の提出や葬儀の手配などたくさんの作業が待っています。それらを家族や身内に任せられるならば問題ありませんが、やってくれる人がいない場合はどうなるのでしょうか。

誰もいない場合は行政が火葬と納骨は行いますが、それ以上のこ

人が亡くなったことを証明する書類。死亡してから7日以内に故人の死亡地または本籍地または届け出人の住民票のある市区町村役場へ提出する。

とは行ってくれません。室内に勝手に立ち入って遺品の整理をすることも、未払費用の支払い、退会・解約、郵便物の送付停止など、あなたが生きていたときの整理は誰も行えません。

財産に関しては、P74にもあるように誰かが家庭裁判所に申し立てをしない限りどうにもできません。

死後の手続きを行ってくれる人がいないなら、任せられる知人や法の専門家と死後事務委任契約を結んでおくと安心です。次のような内容を行ってもらえます。

- 遺体の引き取り、死亡届の提出、死亡後の各種行政手続き
- 指定した人への連絡、葬儀・埋葬の手配
- 部屋の明け渡し、遺品整理
- 公共料金や家賃、各種サービスの解約と未払い金の精算　など

みんなの声

●亡くなったあと、誰も自分の死後の手続きをしてくれる人がいない

死後事務委任契約

亡くなったあとの事務を依頼する契約。死亡届の提出や葬儀の手配、生前に利用していたサービスの解約などをお願いできる。

知りたいポイント㉕

任意後見や死後事務委任の契約を早めに結ぶほうがいいの？

answer

判断力のある元気なうちに契約を

依頼と同時に契約がスタートするわけではない

P97にある①見守り契約、②任意代理契約、③任意後見契約といった生前の備えや、P102にある④死後事務委任契約、そして⑤遺言書といった死後の備えは、どのタイミングがよいのか悩む人は多いものです。言えるのは「確実に契約ができるとき」だということ

みんなの声
●老後が心配なので任意後見で安心しておきたい
●葬儀や墓の手配は、死後事務委任契約で
任せる準備している

です。大事なことを託す相手ですから、確実に実行してくれる人、相手との年齢差、相性なども考慮して決めなければなりません。

仮に、行政書士のAさんに①〜⑤を託すとします。Aさんに依頼したい内容を伝え、最終的に本人の意向が反映された契約書と遺言書が公証役場で作成されます。

これらの契約書は作成したからといって、すぐに契約がスタートするわけではありません。①②は本人が契約をスタートさせたい意思表示をしたときから、③はAさんが本人の判断力をみてスタートさせます。ですから契約をしても①〜③は実行されないまま亡くなり、死後に④⑤のみが実行されるケースもあります。

契約書などを作成するときや実行援助してもらう場合は報酬がかかるため、簡単に専門家に依頼できるものではないかもしれません。しかし、契約があればいざというときに支援してもらえますので、まずは相続業務を行っている専門家に相談してみましょう。

知りたいポイント㉖

家族に財産管理を任せる方法は？

answer

家族信託の活用を検討しよう

権利を守りながら財産管理を家族に託す

判断力が低下したときの財産管理対策として「家族信託」という契約が注目されています。信頼できる家族に自分の財産管理を任せる契約です。身内に託せる安心感があり、本人が望んだとおりに財産管理してもらえるのが長所です。

短所としては、契約を結んだときから開始されること、契約書の

作成には専門家への報酬や公証役場の手数料がかかること、不動産が含まれるときは不動産登記の費用がかかること、家族信託を実現させるには数十万からの費用がかかることなどが挙げられます。また、農地や有価証券など信託できない財産もあります。

信託を活用するとよいケースは次のとおりですが、活用を考えるなら、家族信託を扱っている専門家にまず相談したほうが安心です。

みんなの声
●家族信託がいいと聞いたので気になっている
●家族に財産を任せて安心したい

●自分が望んだ財産管理をしてもらいたい
●不動産の売却、購入、借り換えなどを視野に入れている
●判断力低下に備え、今から収益不動産の管理を依頼したい、自分の財産を家族のためにも使ってもらいたい
●遺言書ではできない、先々の財産の行き先や利用方法を指定しておきたい

みんなの声
●家族信託を結ぶ際にトラブルにならない方法が知りたい
●元気なうちは自分で財産を守りたい

家族信託のポイント

まずは信頼できる家族と自分の財産をどのように活用してほしいか話し合いをします。家族信託に詳しい法や税の専門家（弁護士や司法書士・行政書士・税理士）とともに契約内容を相談しながら決めていきましょう。信託契約書作成時には遺言書も同時に作成するケースが大半のため、すでに遺言書があると信託の活用が難しくなる場合があります。また、家族のうち誰かひとりが有利になる内容で契約をしているのではないかと他の家族から疑念を持たれないよう、あらかじめ全員が納得できるかたちで内容をとりまとめ、関係者にも知らせておくことが大切です。

内容が決まったら公正証書にします。契約後は信託する財産を管理する人の名義にするため、金銭は銀行で作った信託専用の口座へ移し、不動産は管理する人に名義を移します。

家族信託の仕組み

・家族信託は本人（委託者）が子（受託者）など信頼できる家族に財産管理を委託する契約
・子は本人との契約通りに財産を管理する責任がある
・「本人（受益者）の死亡後は孫Aを受益者に」など次の受益者も決めておける
・「本人が認知症になり、食事や排せつが難しくなったら今住んでいる家を売却して高齢者施設の入所費に」など契約内容を柔軟に決めておける（成年後見だと難しい）

知りたいポイント㉗

老人ホームの選び方を知りたい

answer

求める内容に優先度をつけて早めに見学へ行く

元気なうちに「終(つい)の棲家(すみか)」を考えておく

いつまで元気で、いつまで自宅に住めるのか。どこで最期を迎えるのか。年を重ねるにつれて考えることが増えてきます。要介護になったら、寝たきりになったら、ひとりで暮らせなくなったら、老人ホームのお世話になるかもしれません。介護状態になったら退去が必要なケースなど、要件もさまざまですから、今のうちにどのような施設があるのか確認しておきましょう。

- どのような施設やサービスがあり、自分はどれを利用できそうか
- 介護が長期になりそうなとき、どの施設に入居するのか
- いくら用意できればいいのか

みんなの声

- 子供に迷惑をかけたくないので、施設入居を考えている
- このままひとり暮らしを続けるのは無理そうだ

元気なときから老人ホームに入るつもりなら、気になる老人ホームのカタログを取り寄せてサービス内容や費用を比較しましょう。すべての理想を叶えることはなかなか難しいので、自分が求めることに優先順位をつけるだけでも選びやすくなります。

体が動くうちに見学へ行くことも大切です。カタログではわからない雰囲気や、気になる点を直接確かめることができます。

老人ホーム

高齢者が入居する施設のこと。医療をうけながら暮らす施設から、自立している人が入れる施設までさまざまな老人ホームが存在する。

みんなの声
●どのような老人ホームがあるのか、費用の目安も含めて知りたい

公的施設と民間施設の特徴を把握

施設は「公的施設」と「民間施設」に分けられ、次のような特徴があります。

●**公的施設**　比較的安く入れる。入居の条件が厳しく、誰でも入れるわけではない。人気のため入居まで待つことも多々あり。
●**民間施設**　費用はさまざま。公的施設より高くなる傾向にあるが、金額に応じてサービスの度合いも充実する。入居条件は比較的緩やか。

実際のところは懐事情に応じた選択となることがほとんどです。安いからといってケアや環境が劣るとは限りませんが、費用とのバランスに納得できるかどうかは大切なポイントです。

みんなの声
●自分に合いそうな老人ホームを見つけるには?
●最期まで看てもらえるところが安心

高齢者向け施設の主なチェックポイント

費用
・無理なく払い続けられる金額か
・オプション費などの追加金額はないか
・入居一時金はいくら必要か

ケアの内容
・看取りまで見てくれる施設か
・医療や介護をどの程度まで受けられるのか
・個人の性格や好みにどこまで合わせてくれるのか

環境
・立地
・施設内の雰囲気
・プライベートの有無
・スタッフの質
・入居者との相性

高齢者向け施設の種類と費用の目安

安い ← 公的施設 | 民間施設 → 高い

特別養護老人ホーム(特養)	ケアハウス(軽費老人ホーム)	サービス付き高齢者向け住宅(サ高住)	住宅型有料老人ホーム	介護付き有料老人ホーム
月額10万円前後	月額15万円前後	月額10万~30万円	月額15万~35万円	月額15万~35万円

※金額はあくまでも目安で、施設や地域、要介護度などによって異なる(食費は別)
別途入居一時金がかかる施設もあり、金額は0~1000万円と大きな差がある

みんなの声
●施設に入居したら、
話し相手がいなくなってしまうのでは
●環境の変化に耐えられるか不安

老人ホームへの入居が認知症のきっかけに？

「リロケーションダメージ」という言葉をご存知でしょうか。長く過ごした環境が大きく変わってしまうことで健康面の弊害が引き起こされることを指す言葉です。

心も体も負担を受けてしまい、認知症やうつ病のきっかけになることもあるため、高齢者のリロケーションダメージへの注意が呼びかけられています。

家族に迷惑をかけたくないと老人ホームに入居したものの、慣れない環境がストレスで認知症になってしまった……といったことが起きては、残された家族にまた別の苦労をかけてしまいます。

住み慣れた家を離れるリスクを理解し、対策をとることでこのダメージを軽減できるといわれてます。環境が変わることを見込んで準備をしておきましょう。

リロケーションダメージ（環境変化による弊害）を軽減する方法

1 心身ともに元気なうちに環境を変える

・新しいことが覚えられるうちに入居の検討を始める
・慣れないことに対し過度に落ち込まない心構えも大切

2 自分の意思に基づいて自立した状態で環境を変える

・自分が入りたいところに入居できるとベスト
・制限が少なく、自分でできることが多いとストレスが軽減

3 住み慣れた地域の施設を選ぶ

・入居後の診察や散歩など外出時の変化も最小限にできるとよい
・家族や友人・知人と会いやすい場所で人間関係の変化も最小限に

4 いきなり入居せず、まずは通所から始める

・先にデイケアで、施設を利用してみる
・入居する前に施設の食事や入浴の体験利用をする

介護・認知症・終末期医療に備える

- 突然倒れてもいいように、緊急連絡先を携帯しよう。
かかりつけ医などの医療情報も忘れずに。

- 判断力があるうちに信頼できる人と
任意代理契約や任意後見契約を結ぼう。
見守りや財産の管理をお願いできる。

- 認知能力が低下したら成年後見制度が財産を守ってくれる。
ただし、事前に後見人を決めておきたいなら
任意後見契約の検討を。

- 葬儀の手配から各種解約手続きまで、
死亡後の一連の手続きは死後事務委任契約でお願いできる。

- 家族信託なら自分の要望通りの財産管理を信頼できる家族に
託しておける。ただし、この方法がよいのか見極めが大事。

- 高齢者施設の入居準備は早いうちにしておこう。
金額とサービス内容のバランスに納得できるかが大切。

第4章

葬儀・墓に備える

知りたいポイント㉘

お葬式に参列してほしい人をもれなく呼ぶには？

answer

あらかじめリストで残しておこう

家族や残された人は葬儀を執り行う際に「一体誰を呼べばいいのだろう」「どうやって連絡をしたらいいのだろう」と困ってしまいます。来てほしい人がいる場合は、リストにして残しておきましょう。ポイントは名前・連絡先だけではなく、その人との生前の関係性も一緒

みんなの声
●仲良しの友人とは最後のお別れをしたい
●人を多く呼んだほうが葬儀代の負担が軽くなりそう

に残しておくことです。名前や連絡先がわかっていても、残された人は「この人とはどんな関係があったのだろうか」と悩んでしまいます。「中学校の友人」「〇〇会社時代の同僚」などと添えておくことで対応がスムーズになるでしょう。

〈ここがポイント〉

生前どんな関係だったのかまでひと言記載すると残された人が困らない

なお、「遠いところに住んでいる親戚」など付き合いが薄く呼ぶのにためらう人がいる場合でも声だけはかけられるようにしておきましょう。参列するかどうかは相手に任せます。あとから「呼ばれていない」と言われてしまう事態を避けることができますし、来られなくても香典や供花、弔電を送ってもらえることもあります。

これって何?

通夜・葬儀・告別式

通夜は故人と縁のある人が、故人を偲びながら最後の夜を過ごす儀式。葬儀は故人の冥福を祈り、死者を葬るための儀式。告別式は故人とのお別れの儀式を指す。

知りたいポイント㉙

葬儀をこぢんまりと済ませたい。ポイントは？

answer

やりたい葬儀の内容は具体的に伝えよう

数字や写真で共有するとわかりやすい

親しかった人にだけ囲まれてお別れをしたい、たくさんの人を呼んでしまって家族の負担になりたくないと思い、葬儀は「身内だけで」「簡単に」「ひっそりと」……と考える人も多いでしょう。

ところが「私のお葬式はこぢんまりとでいいから、派手にやらな

みんなの声
●死に顔を、多くの人に見られたくない
●葬儀は簡素に安く済ませたい

くていいからね」などと伝言し、いざ亡くなって葬儀を行うとなった段階で、残された人は「こぢんまりってどの程度?」と困惑してしまいます。「身内だけで」「簡単に」「ひっそりと」といった言葉は一体どのくらいのものなのか、人によって感覚が違うからです。

〈ここがポイント〉

「身内だけ」はどこまで? 家族? 親戚は? 何人呼ぶか? イメージではなく明確に、葬儀祭壇は写真で伝えよう

仮に「親しい友人のみ○名」としても訃報を聞きつけた友人・知人が訪れるかもしれません。小ぢんまりとした葬儀を望んでも、あまりに質素な祭壇では弔う人の気持ちも収まらないからと大きな祭壇で送り出されるかもしれません。葬儀は送り出す側の家族の気持ちも大切。自分の理想ばかりにこだわらないくらいのスタンスで。

これって何?

葬儀祭壇
故人を供養するために遺影、花、供物、葬具など飾る壇のこと。仏式では白木祭壇が主流だったが、近年は花祭壇が多い。

葬儀の種類とポイントを知りたい

どのような形式の葬儀があるのかを知っておくとイメージも明確になります。

みんなの声
- どんな葬儀があるのか、選択肢がわからない
- 自分らしく見送ってほしい

一般葬	故人の関係者に広く訃報を知らせて見送る葬儀。香典をいただけるため費用の負担が軽くなることも。
家族葬	少人数で行う葬儀。家族のみ、親戚のみ、親しい友人までなど定義はあいまい。どの程度まで訃報を知らせるか明確にしておくとよい。
1日葬	通夜をせずに葬儀のみを行う。ただし、費用が大幅に安くなるわけではない。
直葬	通夜も葬儀もせず火葬のみを行う。宗教儀式がないため、故人を弔いたい参列者の気持ちに応えにくいのが難点。
自由葬	宗教にとらわれず自由に行う葬儀。読経や焼香などの決まりがないので、時間の過ごし方の準備が必要。
しのぶ会 お別れ会	葬儀終了後、別日にホテルやレストランへ集まる形式が多い。葬儀へ参列するよりも、お金や時間がかかる場合が多い。

みんなの声
●お葬儀にいくらかかるのか気になる
●弟に「葬式費用は残しておいて!」と言われている

葬儀費用はいくらかかる? どう渡す?

お葬式に関する全国調査(2022年/鎌倉新書)によれば葬儀にかかる平均費用は110・7万円(新型コロナの影響で例年より約70~80万円減少)。寺院にお金を包む場合はさらに増えます。とはいえ、葬儀の相場は地域によって違うものです。生前のうちに葬儀社から見積もりをとっておくことをおすすめします。

あなたが亡くなったあと、あなたの預金は相続人全員の共有財産になります。勝手におろしていいわけではないため、葬儀費用は一時的に誰かが立て替える可能性があります。その後、立て替えた人に必ず葬儀費用が渡るとは限りません。

葬儀費用を支払う人が困らないよう、葬儀費用は遺産から支払うよう、家族全員に伝えておいたり、死亡保険の受取人を喪主に設定しておいたりすると、残された人も心置きなく葬儀を執り行えます。

葬儀費用

祭壇、棺、ドライアイス、人件費、斎場利用料、火葬料など葬儀でかかる費用のほか、飲食費、返礼品などの費用。

知りたいポイント㉚

自分らしく見送ってもらうにはどうしたらいい？

answer

弔う側の気持ちに配慮した葬儀がおすすめ

宗教的儀式は悲しみを慰めてくれる

日本人の多くは特定の宗教を信じていない場合でも、仏式の葬儀で見送られていくことが多いものです。お経をあげてもらい、焼香をして手を合わせるといった儀式は悲しみをいやし、故人を弔う人の気持ちに寄り添ってくれます。

みんなの声
●お世話になった人たちに、
感謝の気持ちが伝わる葬儀にしたい

仮にあなたが、一般的な仏式の葬儀ではなく「しめっぽいのは嫌だから明るく送りだしてね」と軽い気持ちで言い残したと仮定します。あなたの遺志が反映された葬儀（自由葬）を行ったとしても参列者は違和感を覚えるかもしれません。また、親戚や年配の方には眉をひそめられて、喪主はお小言をもらうこともあり得ます。

では、「葬儀はしなくてよいから後日お別れの会を設けてね」と言ったらどうでしょう。お別れの会は、香典よりも参加費が高額になったり、拘束時間が長くなったりする可能性があります。「それなら葬儀に呼んでくれたほうがよかった」という意見もあるかもしれません。「嫌な思いをするのは亡くなった人ではない」ということを念頭に、自分らしい葬儀を考えたいものです。

〈ここがポイント〉

家族の負担にも目を向けることが大切

みんなの声
●お葬式の準備は何をどこまでしておけばいいの？

最低限叶(かな)えたいことは事前に喪主と共有を

「一般的な葬儀をやってもらえればいい」と思っていても、葬儀にはさまざまなプランがあります。時間のない中で急いで決めるとなると「こんなはずではなかった」と後悔することも。事前に最低限決めておきたい葬儀のポイントは次の４つです。

1 なぜお葬式をするのか
感謝を伝えるため、体裁のため、供養のため。目的が決まると細かい方針も決めやすくなります。

2 葬儀の場所
自宅か斎場か。会場費用がかからないぶん自宅のほうが安価に収まる傾向があります。

3 参列してほしい人、弔辞をお願いしたい人

参列者をリスト化しておきましょう。弔辞は縁の深い人に依頼を。

4 祭壇・花・柩に入れてほしいもの

祭壇やお花の規模で予算も変わります。火葬の妨げになるものは柩には入れられないので要確認。

喪主となる人と一緒に葬儀社へ足を運び、見積もりを頼むとスムーズです。

なお、葬儀社の見積もりはできれば複数とって比較できると最適な選択をしやすくなります。また、生前予約まで行う必要はありません。葬儀の内容と見積もり、候補となる葬儀社を共有していれば十分です。喪主となる人と一緒に足を運ぶのがよい理由は、葬儀社の価値観や雰囲気、葬儀の内容や費用などがわかるだけでなく、事前に質問もでき、葬儀当日の流れもわかるからです。

第4章 葬儀・墓に備える

これって何？

喪主

葬儀の主催者のこと。配偶者や直系の家族など故人と関係が近い者が喪主となる。遺族の代表として参列者や僧侶を迎えたり、挨拶を行ったりする。葬儀費用を支払う人でもある。

みんなの声
●遺影の写真は早めに用意するべき？
●いつまでも忘れないでほしい

生前の遺影撮影で自分らしさを残す

遺影にする写真の場所がわからないまま亡くなってしまうと、家族はあなたの写真を大急ぎで探して葬儀社へ渡さなければなりません。葬儀の際は祭壇の中心に置かれたり、仏壇に飾られたりと人の目に触れ続ける写真で、故人の印象そのものとして残ります。

遺影には自分らしい自然な美しさを残しておきたいと思い、写真店で事前に撮影しておく人もいます。しかし、本人と家族ではいいと思う写真が違う場合があります。複数の写真の中から家族に選んでもらったほうが、家族にとっていちばんいい表情の遺影を飾ることができるため、写真の保管場所を伝えておきましょう。

〈ここがポイント〉

遺影写真は、見る人にとってベストなものがいちばん

遺影
故人の写真のこと。遺影そのものに宗教的な意味合いはないが、個人を悼むために祭壇や仏壇に飾られる。

みんなの声
●思い出の場所に骨をまいてほしい
●樹木葬に憧れている

散骨・樹木葬のポイント

遺骨を海にまく散骨も、シンボルツリーの下で眠る樹木葬も、自然に還る（かえ）イメージのよさや、お墓の管理が不要という観点からも希望する人がいます。しかし、いくつか注意点があります。

●散骨の注意点

自治体によっては条例で禁止されている場所もある。勝手に散骨をするとトラブルになる可能性もあるため、業者に依頼して行うこと。

●樹木葬の注意点

シンボルツリーの周囲にほかの遺骨と区別されず眠る合祀（ごうし）タイプや個人または家族で入るタイプのほか、区画を購入し、木や草花を植えられるタイプがある。追加料金が必要かよく確認することが大切。

これって何？

散骨

遺骨を細かいパウダー状にして山や海へまくこと。散骨できる場所は限られているため、自由にまくことはできない。

知りたいポイント㉛

自分が入るお墓は自分で選べる？

answer

お墓の種類と特徴を知ってから選択しよう

自分が入りたい、入りたくないお墓を明確に

入るお墓が決まっていない場合は、どのようなお墓に入りたいのか考えておくと家族はスムーズに納骨できます。

一方、入るお墓が決まっている場合は「そのお墓に入りたくない」といっても、慣習や親族の意向もあるため難しいものです。事前に理解してもらえるよう働きかけるしかないのが実情です。

みんなの声
- 代々続く夫の家の墓に入りたくない
- 嫁ぎ先の墓と実家の墓、両方を継ぐには？

種類		特徴
一般墓（代々墓、家墓）		代々墓は先祖代々続くお墓。お墓を引き継いでいる人と墓地の管理者が許可すれば、基本的に誰でも入れる。
一般墓（個別墓・夫婦墓・集合墓など）		お墓を建立し、祭祀承継者（お墓を継ぐ人）にお墓の維持・管理を任せる。
永代供養の墓		お墓の種類を問わず、永代供養してくれるお墓すべてを指す。ただし「永代供養」という名称でも永年ではなく、管理・供養してくれるのは一定期間のみ。
	合葬墓・合祀墓	ほかの遺骨と一緒に合祀される。合祀された遺骨は基本的に取り出せない。
	納骨堂	遺骨を収める屋内施設。棚式、ロッカー式、自動搬送式などがある。
	樹木葬	樹木を墓標としたり樹木の周囲に埋葬したりする。
散骨		遺灰の全部もしくは一部を散骨できる可能な場所（海、山、成層圏、宇宙など）にまく。
手元供養		自宅や身近な場所に遺骨の全部または一部を保管。小さな骨壺に収めたりアクセサリーに加工するなどの方法がある。

お墓を購入するときに知っておきたいこと

お墓を建てるといっても、墓地によって申し込み条件やかかる費用が違います。

墓地は公営墓地、民営墓地、寺院墓地の3つに大きく分かれます。公営墓地はその地域の住民であれば購入できますが、基本的に遺骨が手元にあるかたが優先されます。生前購入ができる区分もあるため、希望があれば調べてみましょう。永代使用料が比較的安く、石材店を自由に選べます。対して民営墓地は石材店の指定があるものの、申し込み条件は比較的緩く、生前に好きな区画を購入できます。寺院墓地は原則そのお寺の檀家になることが条件です。

お墓を建てる場合、永代供養の墓ではない限り祭祀承継者がそのお墓を継ぐことになります。祭祀承継者がいなくなったら、お墓の場所を更地にして返さなければならない契約になっています。

永代使用料
お墓を建てる区画（墓所）の使用料のこと。土地を購入するのではなく、墓所を使用する権利を得るかたちとなる。契約時に支払う。

祭祀承継者
お墓や仏壇などの祭祀財産を受け継ぎ、祭祀を取り仕切る人のこと。性別は問わない。決め方は①話し合う②地域や家の慣習に従う③遺言書で指定する など。

みんなの声
●お墓を建てるにはいくらかかるの?
●子どもがお墓を守ってくれるか心配

お墓や法要にかかるお金は事前に用意を

一般社団法人全国優良石材店の会の「2022年お墓購入者アンケート調査」によると、一般墓の全国平均の墓石の購入金額は全国平均で169・3万円。墓石代のほかに、永代使用料(お墓を建てるときの初期費用)+毎年支払う管理維持費がかかります。お寺にお墓を建てるときにはさらに檀家料が必要だったり、お布施や寄付を求められたりすることもあります。法要の準備やお金の用意もしなくてはいけません。お墓を建てたり維持したり、定期的に法要を執り行っていくことは金銭的にも精神的にも負担がかかります。祭祀承継者がひとりで負担するとなると、敬遠されてしまうかもしれません。

気持ちよく祭祀承継者になってもらうためには生前にお礼のお金を渡しておくか、遺産が多めに渡るよう遺言書に残す、死亡保険の受取人に指定するなどの配慮が必要です。

これって何?

檀家料(護寺会費)

お寺に所属する檀家がお寺を支援するお金。檀家はお寺に葬儀や法事を執り行ってもらったりお墓を管理・維持してもらったりする。金額はまちまちだが数千円から数万円が相場。

知りたいポイント㉜

お墓を継ぐ人がいないときはどうしたらいい？

answer

承継者不在問題はよく話し合い方針を決める

お墓を放置すると無縁仏になる

おひとりさまの増加や少子化の影響もあり、お墓を承継する人がいないという悩みは増えています。祭祀承継者がいない場合、新たにお墓を設けるとしたら永代供養のお墓を選ばなければなりません。永代供養のお墓以外は祭祀承継者がいないと維持できないからです。

今あるお墓を継ぐ人がいない場合、そのまま放置しておくわけにはいきませんから、次の方法で早めに対策しておきたいものです。ただし、お墓は個人の所有物ではありませんから、家族や親族の気持ちを無視して進めるのはよくありません。

みんなの声

- 私の代でお墓を守る人がいなくなるので不安
- お墓が遠くて誰も墓参りに来なくなりそう

●親族に継いでもらう

お墓などの祭祀財産は、相続財産ではないため親族なら継げる。まずは親族にお墓を継げるか確認を。誰も継げないときは、移転先についても手配しておく。

●墓じまいをする（同じ墓地内に移転する）

今お墓がある墓地内に永代供養のお墓があったら、そこへ移す。別の墓地に改葬するケースより手続きが楽。

●墓じまいをする（別の墓地に改葬する）

役所で改葬許可を得る必要がある。墓地管理者の承諾、移転先の証明書も必要。

永代供養

墓地管理者が遺骨を管理・供養すること。永代供養料がかかる。永代といっても供養期間が定められており、期間は墓地によって異なる。期間が過ぎたら合祀される。

みんなの声
●遠方でお参りが大変。
もう墓じまいをしてしまいたい

改葬や墓じまいは慎重に

厳密にいうと、墓じまいは今ある墓を解体・撤去して更地にすることと、改葬は墓じまいしたうえで新たに別の場所に遺骨を移すことをいいますが、同じ意味合いとして受け取って大丈夫です。

墓じまいをするなら、勝手に行わず、事前に親族間でよく話し合いましょう。馴染みのお墓がなくなることで精神的な支えを失ったように感じる人や、反発を覚える人がいるかもしれません。残された家族が肩身の狭い思いをし、親族との関係性が悪くならないよう、十分に気を配る必要があります。

墓じまいする場合、墓地管理者にひと言伝えてから行いましょう。前もって相談し、これまでお世話になった感謝の気持ちを伝えつつ、承諾を得るようにします。なお永代使用料は返還されないことも心得ておきましょう。

みんなの声
●お墓の移転を考えている
●改葬の許可や手続きは大変?

改葬・墓じまいに必要な手続きとは

お墓には「墓地、埋葬などに関する法律」があり、好き勝手に墓じまいできるわけではありません。もし別の墓地へ移転(改葬)するのであれば、次のように行います。予算は数十万円から数百万ほどといわれています。

①家族や親族にお墓を継いでもらえるか打診し了解を得る

②墓地管理者へ墓じまいをしたい旨を伝える

③移転する墓を決め準備する。新しい墓地管理者から受入証明書を発行してもらう

④今あるお墓の市区町村役場から改葬許可申請書を入手

⑤今の墓地管理者から埋葬(埋蔵)証明書を発行してもらう

⑥改葬許可申請書、埋葬(埋蔵)証明書、受入証明書を今あるお墓の市区町村役場に提出し改葬許可証を発行してもらう

⑦今あるお墓で閉眼供養(魂抜き)をしてもらったあと、石材店に遺骨の取り出しとお墓の解体工事をしてもらう

↓

⑧新しい墓地管理者へ改葬許可証を提出し、開眼供養(魂入れ)と納骨法要を行ってもらう

墓地、埋葬等に関する法律

墓埋法と呼ばれる。遺体や遺骨の扱い方や、墓地や火葬場のルールなどが定められている。

知りたいポイント㉝

葬儀もお墓も必要ない場合はどうすればいい？

answer

ゼロ葬なら葬儀代もお墓代も不要

近年登場したゼロ葬の手順と検討点

近年では、葬儀を行わず火葬のみで済ませる「直葬」を望む人も昔よりは多くなりました。それに加えて最近では、葬儀を執り行わず火葬後に火葬場で遺骨をそのまま処理してもらう「ゼロ葬」がにわかに注目をあびています。対応していない火葬場が多いためどこ

みんなの声
●お墓は維持するのが負担なので、特にいらない
●誰も来ない葬儀にお金をかけたくない

でもできるわけではありません。これらを望む理由は「家族が供養不要になる」「家族の負担を減らせるから」です。

しかし、葬儀を行わない直葬やゼロ葬は、遺体や遺骨の処分と感じる人も多く、本人の希望で行ったけれどやはりお別れをきちんとしたかった、葬儀をすればよかったと悔やむ人がいるのも事実です。供養をすることで納得できたり心の区切りができたりする人もいます。墓があることで対話する場があると思う人もいます。

本人が望むかたちであっても、行う人・残された人が悔やむやり方はよくありません。家族や親族と話し合って決めることが大切です。

どうしても費用をかけたくないのなら、自宅に故人を安置してお別れをしたり、比較的費用負担の少ない合葬墓や散骨を選んだりするなど方法はさまざまあります。

これって何？

火葬許可証

火葬をする際に必要な書類のこと。火葬場は火葬許可証がないと火葬をできない。市区町村役場へ死亡届を提出する際に一緒に申請をすることが多い。

みんなの声
●仏壇を処分したいが
粗大ごみにはしたくない

仏壇を処分したいとき

仏壇を管理する人がいなくなる場合、仏壇の処分をすることも検討しなくてはいけません。一般的に仏壇の処分は、菩提寺や仏具店に依頼する、不用品回収業者や遺品整理業者に引き取ってもらう、自治体の粗大ごみに出すといった方法があります。閉眼供養（魂抜き）をしてもらったのちの処分となりますが、中のご位牌やご本尊なども処分するときは、お寺でお焚き上げをしてもらいます。

大きな仏壇を引き継がなくてはならない、2つの仏壇を継がなければならないといった場合には、小さな仏壇に買い替えたり洋間にも合う今風の仏壇を用意したりすることもできます。その際には開眼供養（魂入れ）を行ってもらいます。

菩提寺
代々家が所属しているお寺のこと。葬儀、供養、墓地の管理などの依頼先となる。

みんなの声
●私亡きあと、残されるひとり娘が心配
●簡単なお葬式でもやったほうがいいの？

グリーフケアの大事さを知る

近年、葬儀を執り行わなかったり、手を合わせる場所をつくらなかったりする人が増えています。そのせいか、グリーフケアの問題がクローズアップされる例が目立つことをご存知でしょうか。

グリーフとは深い悲しみのことで、グリーフケアとは悲しみをいやし、立ち直るまでの支えになる行為をいいます。身近な人と死別したあと、宗教的儀式がなく、残された人同士が対話をする場もなく、悲しむプロセスを経ないことで喪失感にとらわれてしまい、遺族はいつまでも死別の悲しみから抜け出せないことがあります。弔い、対話をする場は故人が遺族へ感謝を伝える場でもあります。死別後に前を向かせてあげることも終活の大切なポイントです。

葬儀とお墓の準備

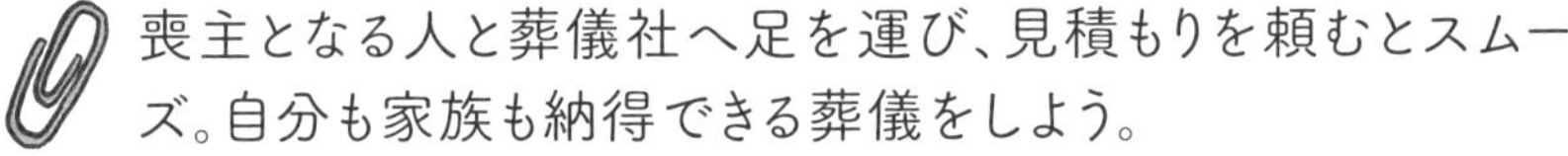

- 喪主となる人と葬儀社へ足を運び、見積もりを頼むとスムーズ。自分も家族も納得できる葬儀をしよう。

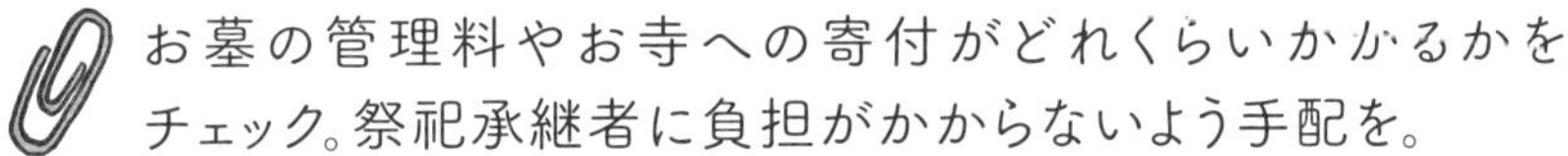

- お墓の管理料やお寺への寄付がどれくらいかかるかをチェック。祭祀承継者に負担がかからないよう手配を。

- 改葬や墓じまいは慎重に検討を。残された人が手を合わせて悲しみをいやす場所が必要な場合も。

- 費用の節約より、遺族の気持ちを優先する。
残された家族が悲しみをいやし、区切りをつけられる配慮を。

第5章

デジタル遺産と終活

ま！かわいいお花♥
SNSにアップしよっと
そういえば、
SNSとかブログって
どうやって整理
できるのかな？
たしかに、
どうするんだろうね。
考えたこと
なかった……！

知りたいポイント㉞

スマホやパソコンなどデジタル遺産の終活のポイントは？

answer

不要な情報は削除必要な情報はわかるよう準備をしよう

死後、スマホやパソコンの中身は確認される

日々手放せないアイテムとなったスマホやパソコンには日常生活や趣味、場合によっては仕事にまつわるあらゆる情報が入っています。あなたが何も準備をせずに亡くなった場合、家族はスマホやパ

スマホのロック

電源を入れたときに出てくる画面のこと。暗証番号を入力したり指紋認証をしたりするとロックが解除されて使えるようになる。

みんなの声

- スマホの中身も終活が必要？
- 見られたくない写真を保存している……

ソコンのロックを解除しようとします。葬儀の連絡やサービスの解約に必要な情報などが入っているか確認するためです。中を見ないでそのまま破棄してほしいと思っても、サービスの退会・解約のために確認せざるを得ないこともあります。最近はパソコンとスマホの連動でロックが解除できる設定がされていることもあるため、どちらもロックが解除できないと困ってしまいます。ロックの解除ができないときは、専門業者に依頼することになりますが、iPhoneのスマホは解除が難しく、Androidのスマホも解除できるとは限りません。仮に解除できるとしても、家族に無駄な出費をさせないために、ロックの解除方法をわかるようにしておきましょう。同時に、家族や他人に見られたくない情報はあらかじめ削除し、IDやパスワードなど必要な情報だけが家族に伝わるように準備を。早めにデジタル終活をはじめましょう。

Androidスマホと iPhoneの違い

Androidスマホは Google社が開発した汎用的なシステムを組み込んだスマホのこと。iPhoneは Apple社のシステムを搭載しているため専門業者であってもロックの解除が難しい。

知りたいポイント㉟

デジタル情報の残し方

answer

家族がわかるよう一覧にしておく

スマホやパソコンで利用しているサービスの整理も必要です。使っていないサービスやアプリなどは解約しておき、利用している先を一覧にしておくことも大切です。

特に家族が把握しにくい情報は積極的に残しておきたいもの。取引先、URL、ID、パスワードのヒント、行ってほしいことを一覧表にし、

みんなの声
●インターネット銀行を日常的に利用しているがそろそろ整理したほうがいい？

その保存場所を家族に伝えておきましょう。例えば、Aショップで2カ月ごとに定期購入・Xカード決済・要解約、B電気はB携帯会社と一緒に決済・Xカード決済、Cブログは放置でOKなど、どことどのような取引をしていて、それをどうしてもらいたいのかがわかれば行うことが一目瞭然です。また、あなたの死後に発生した費用であっても返還請求ができるとは限らないため、早く対処できれば不要な支払いもせずに済みます。

- ●不要な写真、動画、メールは削除しておく
- ●使っていないサービスやアプリは解約・削除しておく
- ●見られたくない履歴は随時削除しておく
- ●使っているもので支払いや退会・解約が必要なサービス、家族に伝えておかなければならない情報はわかるようにしておく

これって何？
インターネット銀行
インターネット上にある銀行のこと。窓口やATMへ行かなくてもネット上でお金のやりとりができる。

デジタル遺産・デジタル遺品の情報の残し方

パソコンを持っている場合、大抵インターネットに接続されていることでしょう。その場合、インターネット回線をどこかの会社と契約をしています。また、同時に、回線を使えるようにするインターネットプロバイダーと契約していると思われます。場合によっては、インターネット回線につなぐために必要なルーターという機械をレンタルしています。

もし、パソコンでインターネットを使用しているのなら、これらの情報と、どこと取引しているのか、どのようにしてほしいのかをわかるようにしておく必要があります。

そして、家族に伝わるよう、パソコンのデスクトップなどにファイルを置いてあることを伝えたり、エンディングノートに残したりしておきましょう。

みんなの声

●元気なうちはネットを使い続けたいので体の自由が利かなくなってからか、亡くなったあとで誰かに解約してもらいたい

残しておきたい情報リスト

●機器情報

・パソコンやスマホのロック解除方法
・インターネット回線とプロバイダーの契約先
・メールアドレス
・返却が必要な機器と返却先

●取引先情報（解約・退会などが必要なものを中心に）

・取引先（利用先）、URL
・アカウントやID、パスワード（パスワードは保管場所のみ残し、別の場所に控えたパスワードを確認できるようにしておくとよい）
・行ってほしいこと、決済先

家族が困らないように、スマホやインターネット回線の解約は慌てずに、必要事項を確認してから行うように書き残すことも大切です。

みんなの声

●ネット上で使っていないサービスをなんとなく放置してしまっている

デジタル情報がわからないと困ること

あなたのデジタル取引がわからない場合、また、スマホなどのロックが解除できない場合、どのようなことが起こるのか考えてみましょう。

家族は、サブスク、定期購入、WEB明細、クレジットカード決済、キャリア決済、電子マネー決済などの把握ができません。そうなると、必要な書類を見つけるために部屋中を探したり、送付されてくる書類から把握しなければなりません。引き落とし情報が電子メールで届いていても家族が気づくとは限りません。解約はメールやアプリから行う設定になっていて電話番号がわからないものもあります。解約ができなければ請求がなされてしまい、引き落としができなければ数カ月後に郵送されてきた請求書で対応しなければならないということもありえます。

サブスク

月や年など一定期間ごとに自動で課金されるサービスのこと。解約をしないと請求されてしまう。サブスクリプションの略。

ネット銀行は、キャッシュカードや取引明細書などがあれば取引していることがわかるため手続きできます。しかし、キャッシュカードもなく明細の郵送もない通帳レス口座の場合、その存在に気づかないかもしれません。ネット証券も同様です。金融機関名や支店名をわかるようにしておかないと、遺産が家族に引き継がれません。

なお、金融機関は一般的に、家族から口座名義人が亡くなったという連絡をうけて、口座を凍結します。役所に死亡届が提出されたからといって口座が凍結するわけではありません。いざというときのために、ネット銀行を含めたデジタル遺産についても情報リストの保管場所を共有しておきましょう。

また、電子マネーは、バーコードやQRコードを提示したりかざしたりして決済しますが、ロックを解除しなければチャージされている額はわかりません。

これって何？

通帳レス口座

通帳やキャッシュカードがない代わりに銀行の提供するアプリやサイトにログインし、インターネット上でお金の取引を可能にする口座のこと。

その他いろいろなデジタル遺産

デジタル遺産には相続の対象になるものもあります。ネット銀行やネット証券はもちろんですが、その他にも次のようなものがあります。

なお、電子マネーやポイントの規約は改訂されることがあります。最新情報を確認のうえ手続きをしてください。

〈相続対象となるデジタル遺産〉

●暗号資産（仮想通貨）

パソコンやスマホ、預貯金口座の入出金履歴、郵便物などから利用していた取引先を特定し手続きする必要がある。暗号資産があることを知らずに相続手続きをした場合、後日この暗号資産が判明したら、追加で遺産分割などの手続きを行わなければならない。

暗号資産

インターネット上に記録され、現実でも換金価値のある情報のこと。お金の代わりに支払いができたり、投資の対象にもなったりする。代表的な暗号資産に、ビットコインやイーサリアムなど。

みんなの声
●通販サイトのポイントがたっぷりたまったままになっている

●電子マネー（〇〇ペイ、モバイル〇〇など）

個別相談がほとんど。残金の返金に応じてくれるケースが多いが、長期間利用がない場合は失効する場合もある。

●航空会社などのマイレージ

手続きの期限が死亡後6カ月以内などと設けられている会社もあるが、そもそもマイレージの有効期限内に行う必要がある。

●各種ポイント

クレジットカード、量販店、通販サイトなどでたまるポイントは原則相続できない。中には、家族間カードなら移行できるものやポイントの利用が可能な会社もある。解約・放置したらポイントはなくなるため、ためるよりもこまめに使ってしまうほうがよい。

知りたいポイント㊱

ブログやSNSは亡くなる前に消しておくべき？

answer

悪用リスクを考慮して今後のことを考えよう

そのままでも大きな問題はないけれど……

亡くなったあと、自分のブログやSNSを放置していても特に問題はありません。ただ、家族がスマホのロックを解除したあと、ブログやSNSの中身を見られる可能性はあります。秘密にしたいやりとりや、見せたくない内容が残っている場合は先手を打って削除

みんなの声
- 長年続けたブログには
  思い入れがあるので残しておきたい

をしておいたほうが無難です。

ブログやSNSを放置しておくことは悪用のリスクにさらされてしまうことも理解しておきましょう。あなたの死後、何者かがログインIDやパスワードを入手してアカウントを乗っ取り、勝手なことを書き散らしたり、不名誉な情報をばらまいたり、本人を装って知り合いにメッセージを送り、さらなる個人情報を取得しようとしたりする可能性はゼロではありません。亡くなる前にアカウントを削除することで、そういったリスクは回避できます。

削除せず、今後も楽しみたいときは、ログインIDやパスワード、メールアドレスなどのアカウント情報をきちんと管理し、パスワードは定期的に変更するなどのリスク回避を。

また、あなたが亡くなったあと、残された家族があなたのブログやSNSを見て悲しみをいやすこともあります。今のうちに家族と相談して今後どうしたいのか一緒に考えてみるのもよいでしょう。

みんなの声
●Facebookから亡くなったことを知らせることができるのは便利だと思う

追悼アカウントへの移行や削除を頼んでおく

Facebookには追悼アカウントという特別なアカウント機能があります。亡くなったらあらかじめ指定しておいたFacebook内の友達が本人のアカウントの管理人となり追悼アカウントに移行させます。Instagramの場合はアカウント保有者が亡くなったことを申請できるフォームがあり、家族などが必要情報を入力して、亡くなったことを証明する書類を添付することで追悼アカウントに移行できます。X（旧Twitter）には追悼アカウント機能はありませんが、家族などが必要書類とともに申請するとアカウントは削除されます。LINEは特に手続きは不要です。電話番号を解約すると数カ月にはトーク履歴が消えます。しかし、LINEに紐づくデジタルマネーに残高や引き落とし予定がある場合は注意が必要です。

みんなの声
●デジタル遺産が気がかり。死後、スマホやパソコンの情報はそっと削除してほしい……

死後事務委任契約で解約や削除を依頼できる

亡くなったあとの手続きを依頼できる死後事務委任契約では、契約に次のような内容を盛り込むことも可能です。

- 有料アプリ、サービスの解約
- ネット銀行、ネット証券口座の解約
- ブログやSNSアカウントの削除
- ブログやSNSの閲覧者（フォロワー）への死亡通知
- インターネット上の友人への葬儀の連絡
- スマホやパソコンに残っているプライベートな情報の破棄

必要に応じてスマホやパソコンにまつわる手続きをお願いすることも検討してみましょう。

デジタル遺産と終活

- 消す情報・残す情報を整理。プライバシーを守り、引き継ぎが簡単にできるよう必要情報を書き出しておこう。

- 月々支払うサービスや、ネット銀行・ネット証券には要注意。亡くなったあと解約できるよう必ず情報を残しておこう。

- デジタル遺産には相続の対象になるものも。ポイントなどはこまめに使い切るのがおすすめ。

- ブログやSNS、スマホで利用していた各種サービスは死後事務委任契約でも削除・解約を依頼できる。

おわりに

終活にはやらなくてはならないことがたくさん待っています。

問題の解決になかなか着手できなかったのはあなた自身が忙しくも充実した人生を送ってきたからなのでしょう。

整理できていないこれまでの事柄とひとつひとつ向き合い、確認する時間は、人生を振り返るいい機会です。

先送りにしていた計画や、ふたをしていた心配ごととも向き合って、少しずつでも整理を始めてみてください。

家族の負担を少しでも軽くして、悩みやもめごとをあとに残さない終活をしておけば、家族もきっとあなたの思いを大切にしてくれるはずです。

感謝の気持ちを込めてこの世を去る準備ができれば、さっぱりとした晴れやかな老後が待っています。

1000人の「そこが知りたい！」を集めました
人に迷惑をかけない終活

2023年12月14日　第1刷発行

発行所　株式会社オレンジページ
〒108-8357 東京都港区三田1-4-28 三田国際ビル
電話　ご意見ダイヤル 03-3456-6672
販売（書店専用ダイヤル）03-3456-6676
販売（読者注文ダイヤル）0120-580799
発行人　鈴木善行
印刷　株式会社シナノ　Printed in Japan

監修　行政書士／相続・終活コンサルタント　明石久美
編集協力　株式会社フリート（中川純一　柴野可南子　柏木亜由美　富井淳子　星 咲良　阿山咲春　菊池里菜）
校正　みね工房
ライティング　宇野美香子
デザイン　笛木 暁　風間 真
イラスト・漫画　新里 碧
編集　今田光子　菊地絵里